骨格を整え、どっさり脂肪を脱ぎ捨てよう!

まくら体操ダイエット

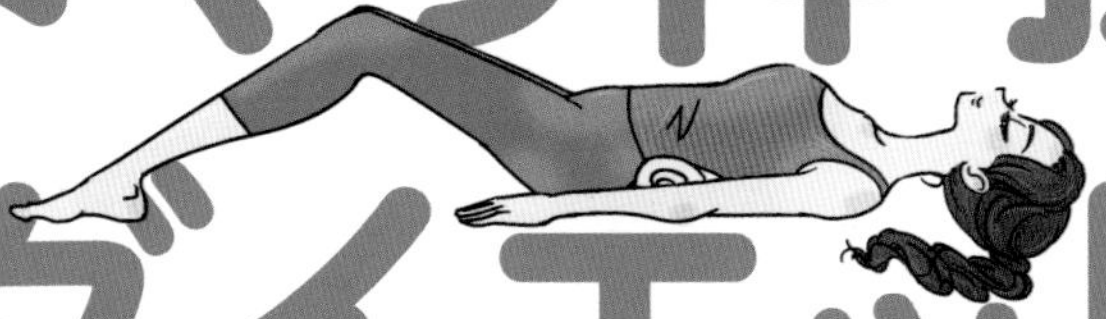

著
いちい 葉子
からだデザイン研究所　代表
まくら体操セラピー　創始者

監修
高村 学
医療法人社団　高村整形外科
理事長

あさ出版

「まくら体操」ダイエット
ポイントは「体重」よりも「骨格」だった！

都内某所
久しぶりにリアルで人に会うと緊張するな～…
ドキドキ
イラストレーター S子
A子さん！
久しぶり！最近どう？
編集者 A子さん
脂がのってしまいまして…自分史上、最大です！
私もよ。しかも来週、焼肉の予定が入ってて…
焼肉やせますよ！
嘘つけ!!
いやいや、大丈夫！
でも年々体重が落ちにくくなっているの！
ガーン!!
出産後は特に！腰も痛いし！
ジム通い？いやいや、忙しいの！
ダラダラ動画ばっか観てるけど！
いやあああああ～～!!
やせたい～～～～～
ずーん
そこのあなたたち。
ハッ！あ、あなたは!?
キラ
キラ

私はまくら体操セラピー通称「まくら体操」の生みの親。
そもそも美しいスタイルって体重だけの問題ではないのよ
あなたたちは一体…
まくら体操セラピー創始者　いちい葉子先生
ぱぁ
!!
私たちは葉子先生の生徒、「マクラー」なの。
美咲さん
直子さん
ゆかりさん
くみこさん
みなさんスタイルよすぎやしませんか!?
「マクラー」!?
キラキラ
私たちもかつてあなたたちと同じ悩みを抱えていたわ。P20〜に昔の写真が載っているわよ!
ええッ

フフフ♡
理想的な女性のボディラインを作るには、「骨盤と背骨の動きのよさ」が大切なのよ！
キラ
キラ
体重を落としたところで、ゆがんだ骨格のままでは意味がないの！いくらやせようが理想《メリハリ》の体型《ボディ》は手に入らないわ！
体重を落とすより、骨格改造が大事ってことですか？
ビシッ
そうよ！
やっぱり整体とかエステとか行かなきゃダメなのかなぁ
うーん
押し入れに眠ってるダイエットマシーンを引っ張り出すか…
もちろん他の力を借りることが必要なときもあるけれど、覚えていてほしいことがあるの。
どきーん
考え読まれてる!?
自分のカラダは、自分の力で変えられる。
自分自身でカラダを変化させられることの楽しさと喜びをぜひ実感していただきたいの。
そう そう！

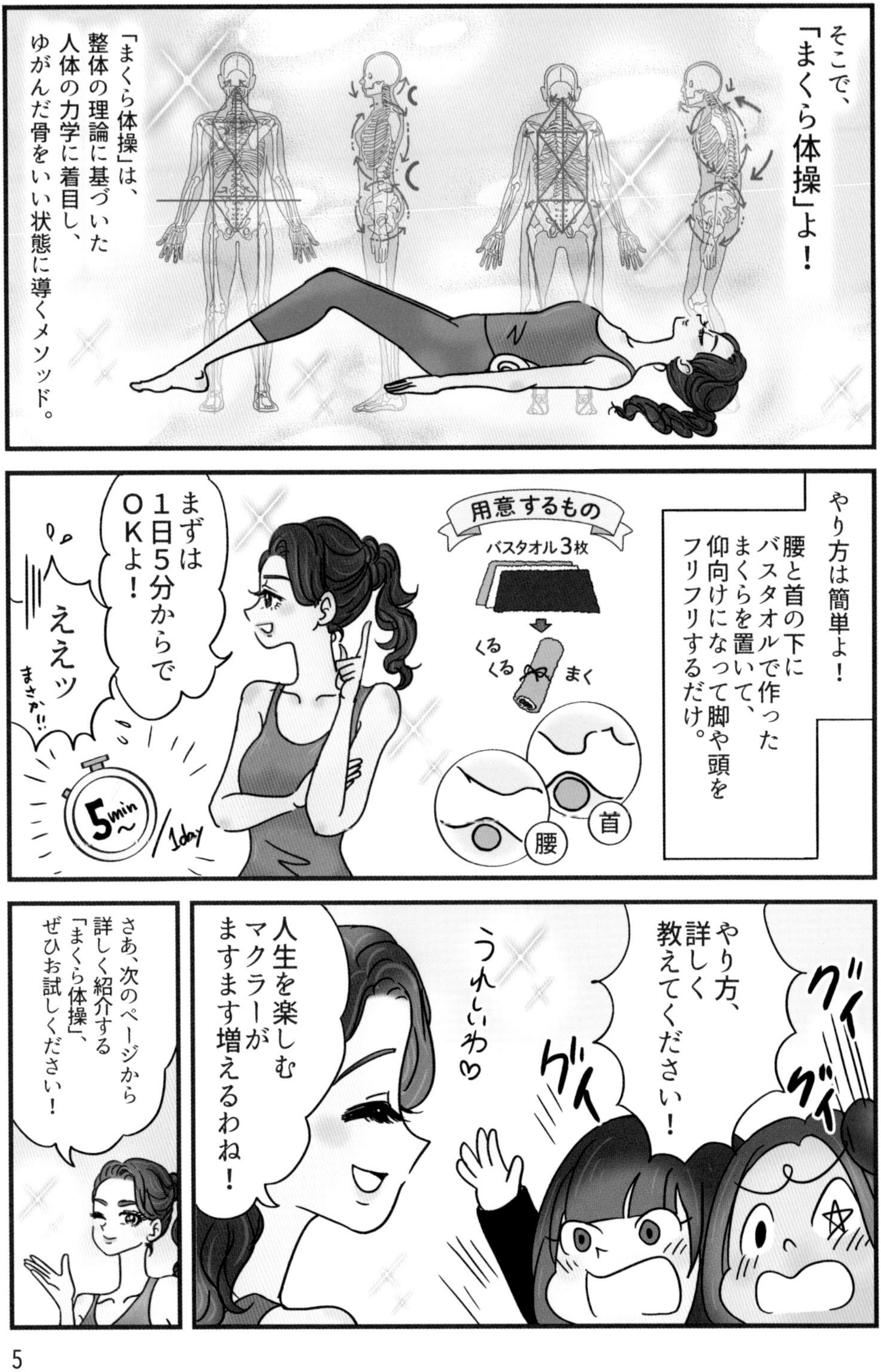
そこで、
「まくら体操」よ！
「まくら体操」は、整体の理論に基づいた人体の力学に着目し、ゆがんだ骨をいい状態に導くメソッド。
やり方は簡単よ！
腰と首の下にバスタオルで作ったまくらを置いて、仰向けになって脚や頭をフリフリするだけ。
用意するもの
バスタオル3枚
くるくる
まく
首
腰
まずは1日5分からでOKよ！
ええッ
まさか!!
5min〜
1day
やり方、詳しく教えてください！
グイ
グイ
グイ
うれしいわ♡
人生を楽しむマクラーがますます増えるわね！
さあ、次のページから詳しく紹介する「まくら体操」、ぜひお試しください！

はじめてに最適！

バスタオルを巻くだけでOK！ お手軽バスタオルまくらの作り方

❶ バスタオルを
3枚用意する

❷ 3枚とも3分の1の大きさに
たたむ（フェイスタオルを3枚重ねたくらい）

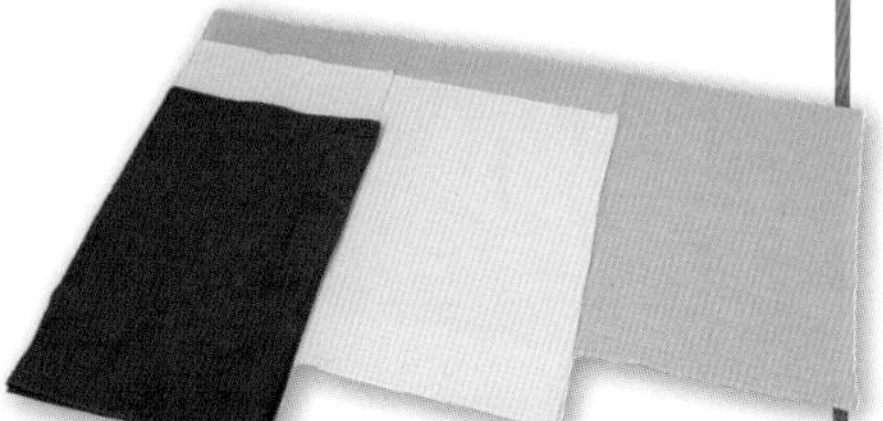

❸ まず1枚を
くるくると巻く
（芯になるので1枚目は
硬めに巻くとよい）

❹ 3分の1に折ったバスタオルの上に❸を重ねて、
大きなロールケーキ状に巻く

❺ 3枚目も同じく❹を重ねて巻く。

＊フェイスタオル9枚でも代用可能です。
＊実際のレッスンでは専用のまくらを使っていますが、バスタオルまくらでも十分効果が見込めます。
＊ゴムひもなどでとめてもOKです。

「まくら体操」STEP1・2・3!!

❶ 破壊(こわす)

「まくら体操」STEP1 基本編

腰の体操 P.78

首の体操 P.82

❷ 形成(はぐくむ)

「まくら体操」STEP2 応用編

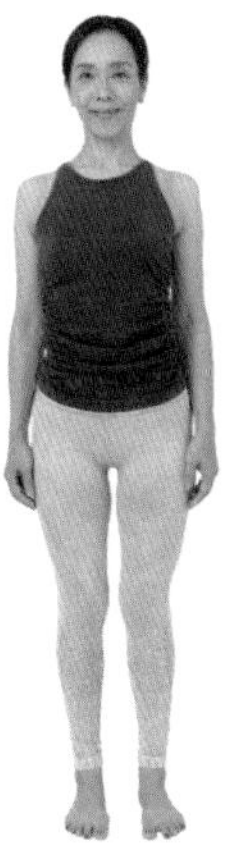

立つだけで
キレイを作る
「美骨格」
スタンディング法 P.86

こわばったカラダを
ゆるめてめぐりをよくする
「理想の体型《メリハリ♥ボディ》」呼吸法 P.90

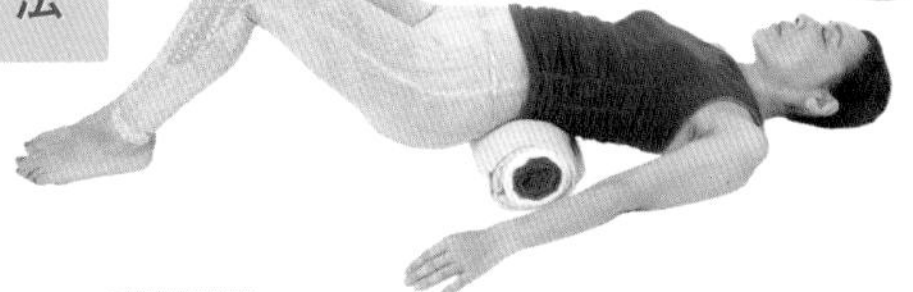

❸ 循環(めぐる)

「まくら体操」STEP3 セルフメンテナンス P.92

骨格が「ブサイク」だと、いくらやせようがスタイルもブサイクのまま！

多くの人が理想とするスタイル――それは、「メリハリボディ」。

単に体重を落として、ギスギス・ガリガリ・シワシワになった姿では、決してないと思います。

オデコに体重計を貼り付けて歩くわけではないのですから、体重が重い軽いではなく、「見た目が勝負！」であることは、すでにお気づきのはず。

でもわかっているはずなのに、「体重を落とさなきゃ！」と、一念発起してジョギングや散歩をはじめてみたものの、ピンとこない――。

ちょっと待ってください!! その前にやるべきことがあります。それは、

「骨格改造＝骨格バランスを変える」

ことです！

たとえば、基礎がゆがんでいる家に、高級な家具やファブリックを置いたところで、見栄えがしないどころか、住みにくいことこの上ないですよね。

家が崩れないよう、支えるために柱を継ぎ足すなど、改築を重ね、ますますおかしなことになってしまうかもしれません。

実はカラダも同じこと。

ブサイクにゆがんでしまった骨格で、一生懸命ジョギングや散歩をしても、体重が落ちたところで、ゆがんだカタチをキープする筋肉がついてしまい、理想の体型《メリハリ♥ボディ》は手に入らないのです！


見た目が勝負！

実際の体重は本人にしかわかりません。

1日たった5分で驚きの効果！なぜ、「まくら体操」はすごいの？

まくら体操のメソッド

「まくら体操」では、カーブを描く腰のラインに続いておしりがしっかりとあり、キュッと上がっている理想の体型《メリハリ♥ボディ》が、美しさの基本だと考えます。

バストとおしりには、女性らしいカタチのいい丸みを帯びたお肉がついていて、ウエストはキュッとしまっている。

ほどよい脂肪と筋肉に包まれ、ムダのない動きができる、すっと伸びた手脚。

触るとやわらかくあたたかく、けれど芯はしっかりして中心に力が集まる軸のとれたカラダ——。

顔は造作が中心に集まっていること、目には生き生きとした輝きと透明感があり、肌に

「まくら体操」が目指す
理想の体型《メリハリ♥ボディ》

目
生き生きとした
輝きと透明感
バスト
中心に集まった
ふんわりとした
やわらかいバスト
おなか
ほどよい
弾力がある
足首
キュッとしまった
やわらかく動く足首
顔
造作が
中心に集まる
肌
ハリとツヤ
おしり
肉付きよく、
カタチのいい
丸いおしり
脚
脂肪と筋肉の
バランスがとれた
メリハリある
すっと伸びた脚

はハリとツヤがあることを重視します。

このような理想的な女性のボディラインを作る最も重要なポイントは、**骨盤と背骨の動きのよさ**です。

「まくら体操」は、整体の理論に基づいた人体の力学に着目し、その力の流れができるように骨格を整え、腰と首のアーチを作り、骨盤と背骨の可動をよくしていくメソッドです。

やり方は、カンタンそのもの。

腰と首の下にバスタオルをくるくる巻いて作ったまくらを置き、仰向けになって脚や頭をフリフリするだけ――

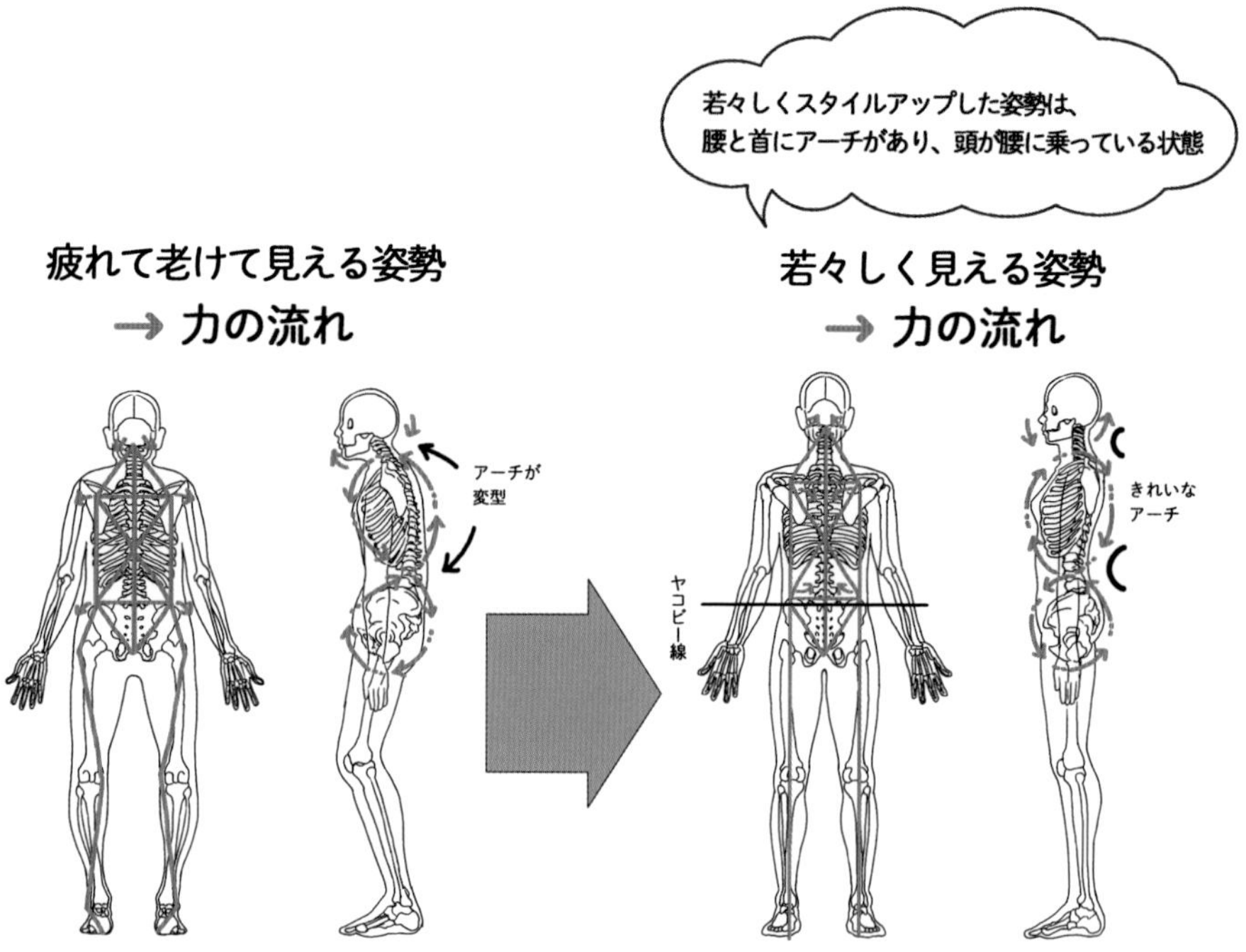
若々しくスタイルアップした姿勢は、
腰と首にアーチがあり、頭が腰に乗っている状態
疲れて老けて見える姿勢
→力の流れ
アーチが
変型
若々しく見える姿勢
→力の流れ
ヤコビー線
きれいな
アーチ

です。

まくらのカーブに合わせて、腰と首を乗せて動かすと、圧力を上下に分散させる働きがあり、骨と骨の間の椎間《ついかん》板《ばん》を広げることができます。

そして、左右に振ることで筋肉バランスが整い、ゆがんだ骨を整え、とどこおった箇所をいい状態に戻すことができます。

これらの相乗効果で、ゆがんだ骨に圧迫されていた神経の流れもスムーズになり、あらゆる症状が解消されるというわけです！

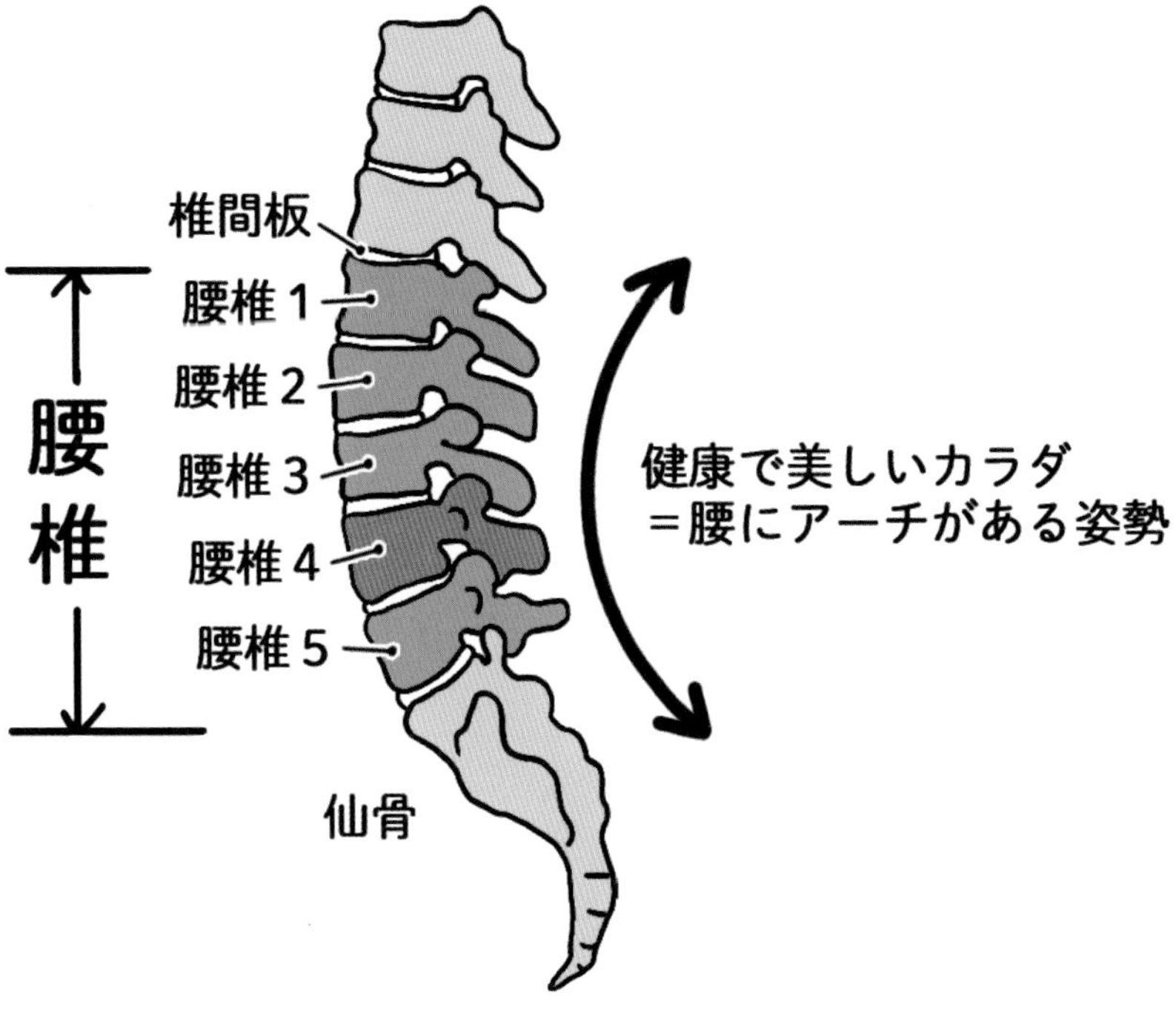

椎間板
腰椎 1
腰椎 2
腰椎 3
腰椎 4
腰椎 5
腰椎
仙骨
健康で美しいカラダ
＝腰にアーチがある姿勢

「やせ見え筋」と「デブ見え筋」

「よい力の流れを作る姿勢（フォルム）」をキープし、「背骨と骨盤、肩甲骨のしなやかな動き」を叶えているのは筋肉です。

「まくら体操」を実施すると、その動きで自然と現代人が使っていない、やせて見える筋肉（やせ見え筋）が鍛えられ、やせて見えるようなフォルムが完成します。

たとえば、骨盤。

骨盤の前後・左右・ななめ——

「まくら体操」は、
“やせ見え筋”を鍛えます！

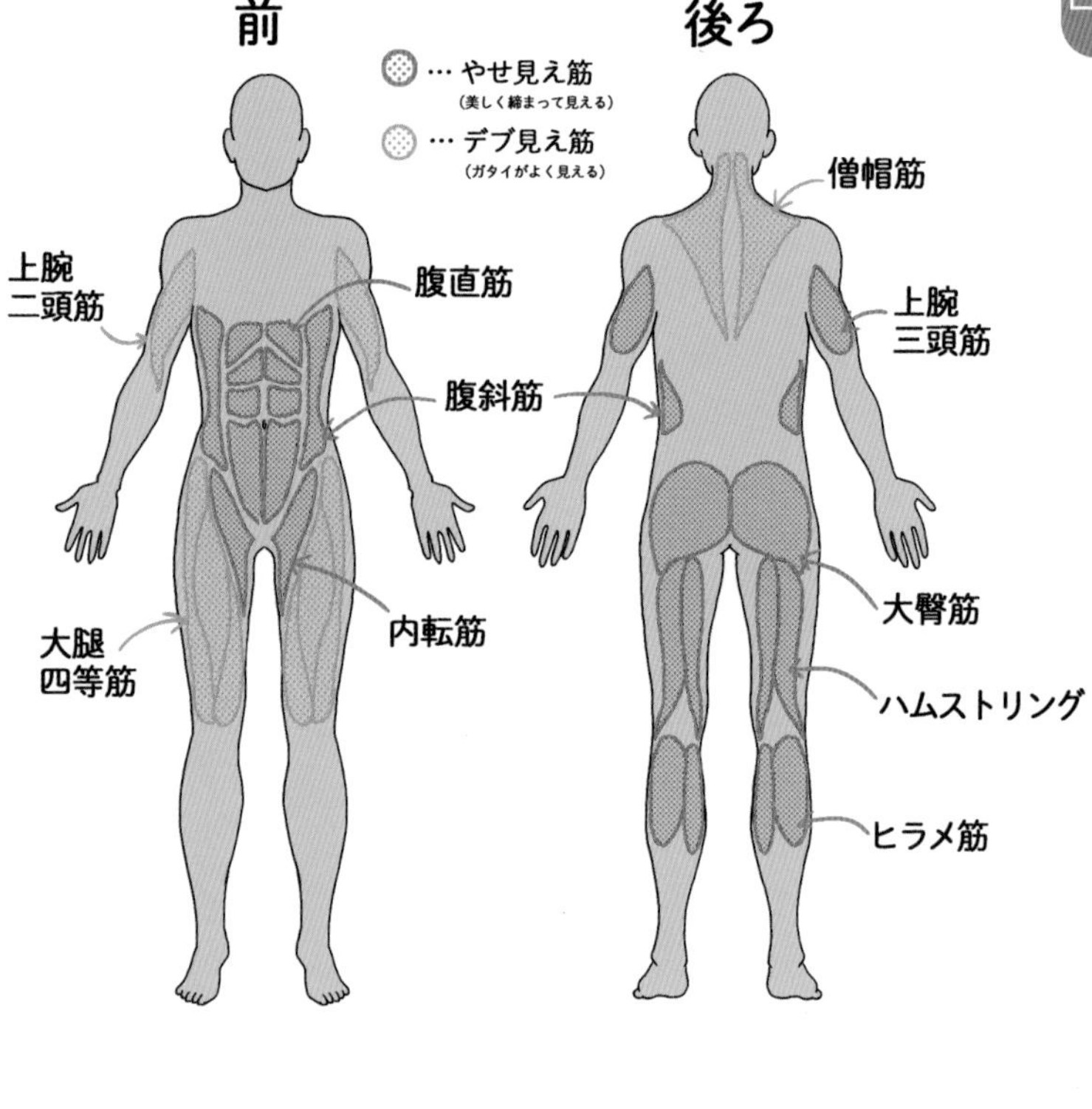

前
後ろ
…やせ見え筋
（美しく締まって見える）
…デブ見え筋
（ガタイがよく見える）
上腕二頭筋
腹直筋
腹斜筋
大腿四等筋
内転筋
僧帽筋
上腕三頭筋
大臀筋
ハムストリング
ヒラメ筋

あらゆる〈動きのよさ〉は、加齢やストレス、出産後のムリな動きなどによって低下します。

骨盤の弾力性を維持する筋肉もやせ見え筋であり、動きの悪い骨盤は開閉力がなく、締まりが悪くなり、太りはじめてしまいます。

逆に「まくら体操」を続けていくと、やせ見え筋が鍛えられ、おなか周りやおしり、太ももが大幅にサイズダウンしていくという方も、数多くいらっしゃいます。

骨盤は5つの骨の総称。
仙骨と腸骨の間に仙腸関節という関節があり、
その動きで骨盤は開閉します！

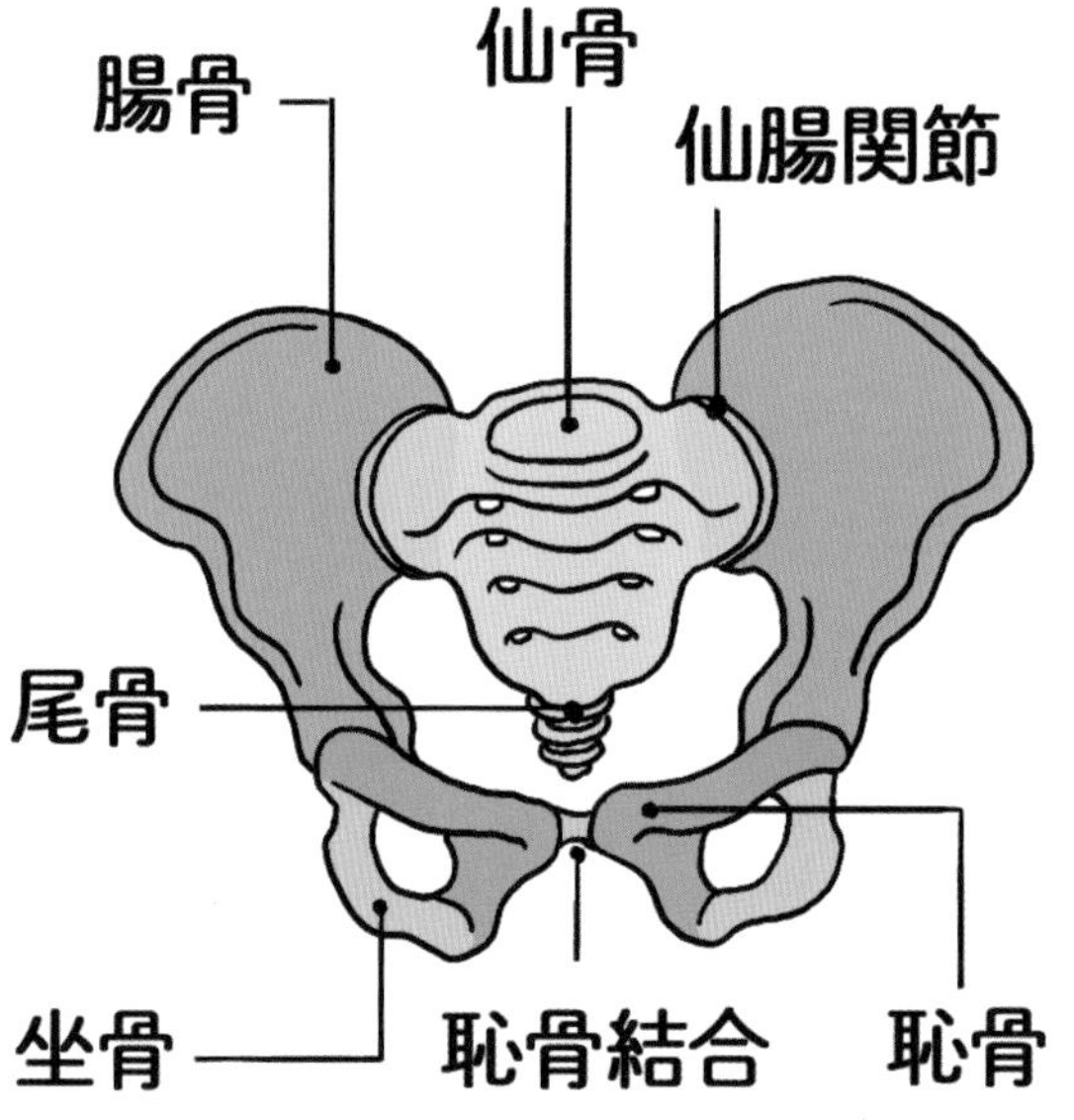

「まくら体操」で「理想の体型《メリハリ♥ボディ》」になれるわけ

生きていると、どうしても、不要なもの、余分なものがカラダにたまってしまいます。
そのため、私たちのカラダは日々、

①破壊（こわす）／「まくら体操」STEP1
②形成（はぐくむ）／「まくら体操」STEP2

この①と②を繰り返しながら、

③循環（めぐる）／「まくら体操」STEP3

することで生きています。
これらの邪魔をしないように、新たに動きのいいカラダに調整していくお手伝いをするのが、整体治療です。

整体ではカラダ自らが行う「①〈破壊〉からの②〈形成（創造）〉」を大切にしています。

日々の自分のカラダの使い方で生じた部分的なとどこおりや、それが重なってできた疲労層を、いわゆる「排泄」することで解消（壊）していきます。

そのため、整体では、一般的に「ちょっとこれはイヤだなぁ」と思う、ぎっくり腰や、発熱、鼻水やせき、湿疹、下痢、生理などを、排泄反応の一つ――つまり、カラダの自浄作用として大歓迎します。

たとえば、発熱などは一番わかりやすい例です。がん細胞も高熱に弱いといわれているように、熱を出すことでカラダの傷んだ細胞の修復を自分自身で行っています。

ぎっくり腰はカラダがゆがんだり、左右差が起こったり動かしづらくなってきたときに、自分で一度壊してまた再建する働きです。

また、出産は最大の破壊としてとらえ、産後の調整をとても重要視しています。

理論としては、このような感じですが、要するに、「寝っ転がって、フリフリするだけ」

の「まくら体操」を行うことで、まるでらせん階段を登っていくように、破壊（こわす）↓形成（はぐくむ）↓循環（めぐる）が、ぐるぐるとめぐり、これを繰り返してカラダを整えていきます。

いつしか骨格が整い、カラダの働きはどんどんレベルアップし、自律神経が整い、代謝力がアップし、理想《メリハリ♥》の体型《ボディ》になっていくのです。

さて、ここまで説明を読んできて、

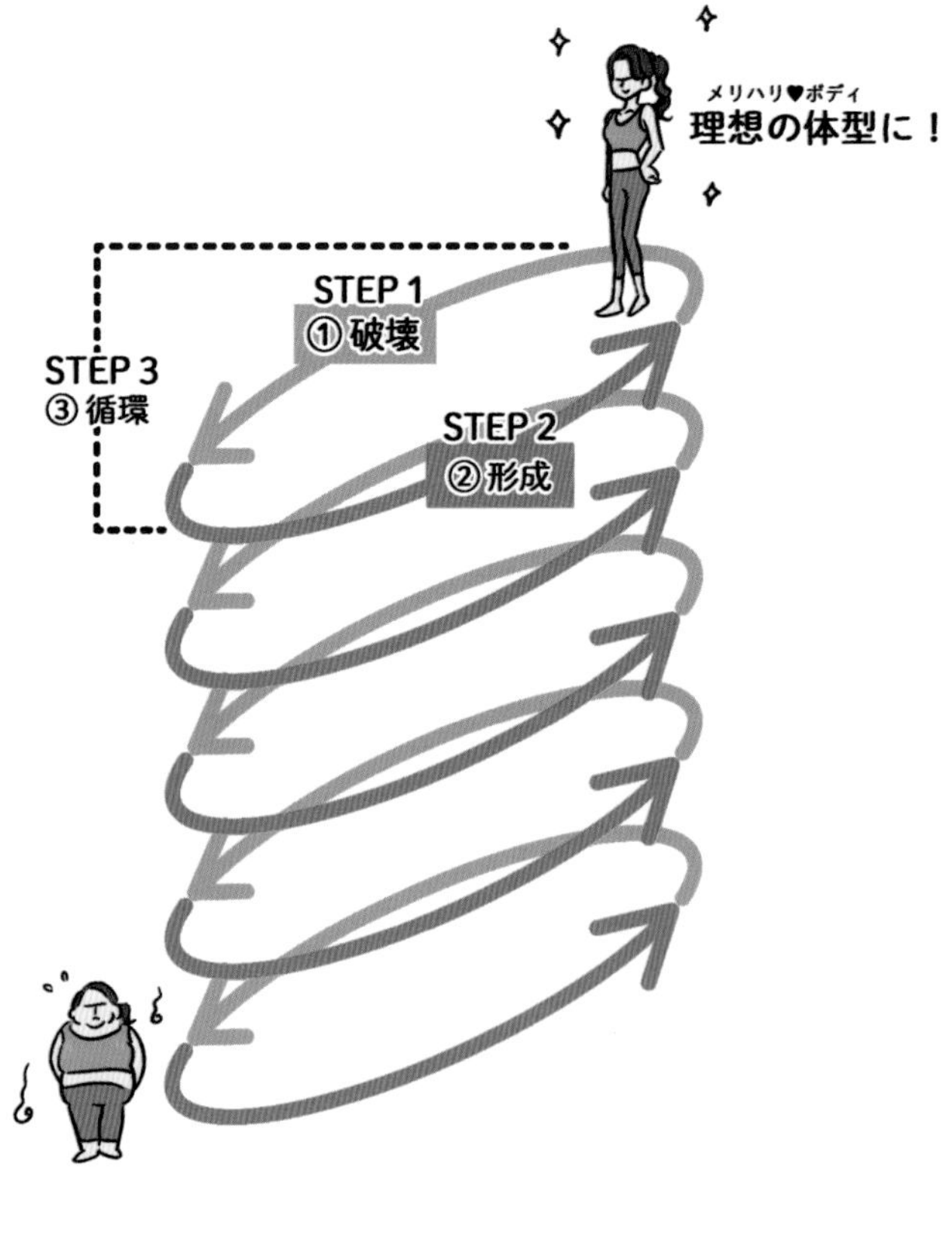
メリハリ♥ボディ
理想の体型に！
STEP 1
① 破壊
STEP 2
② 形成
STEP 3
③ 循環

バスタオルをくるくる巻いて作ったまくらを腰と首の下に置き、仰向けになって脚や頭をフリフリするだけで、理想の体型《メリハリ♥ボディ》が手に入る——

「そんなうまい話があるわけないでしょ！」

そう、思われたでしょうか？

それがあるのです！

ぜひ、試して実感していただければと思いますが、まずは、P20からの実践者の変化を、ご覧ください！

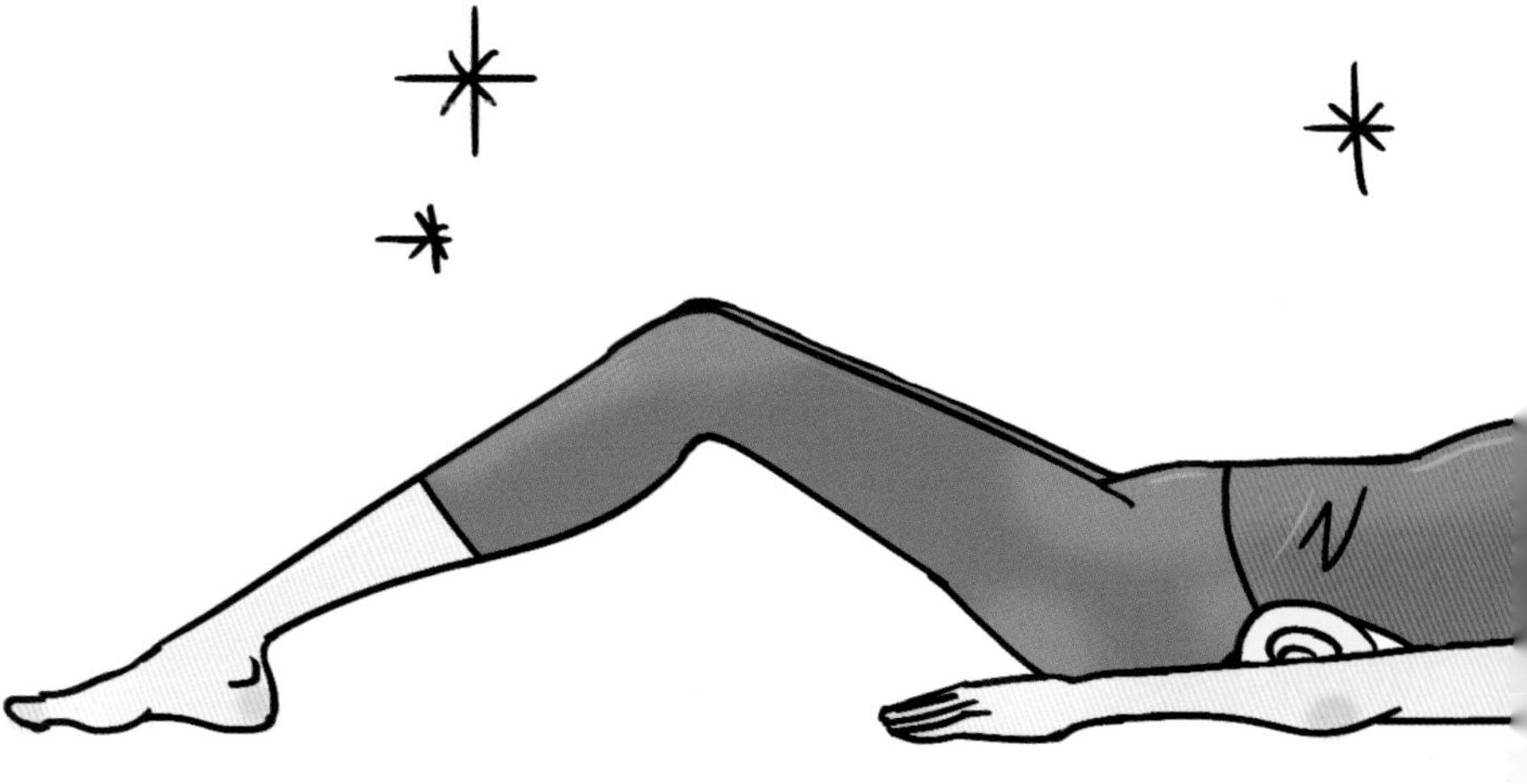

の体型《ボディ》になれました！

“食事制限なしで、体重12kg減！体脂肪10％減！”

60代
わたりくみこさん

腰痛対策としてはじめた「まくら体操」。

アンダーとトップの差が変わらず、タレていたバストが確実にアップ！

太ももと一体化していたピーマン型のおしりも、プリっとカタチのいい「桃」に変化しました！

after

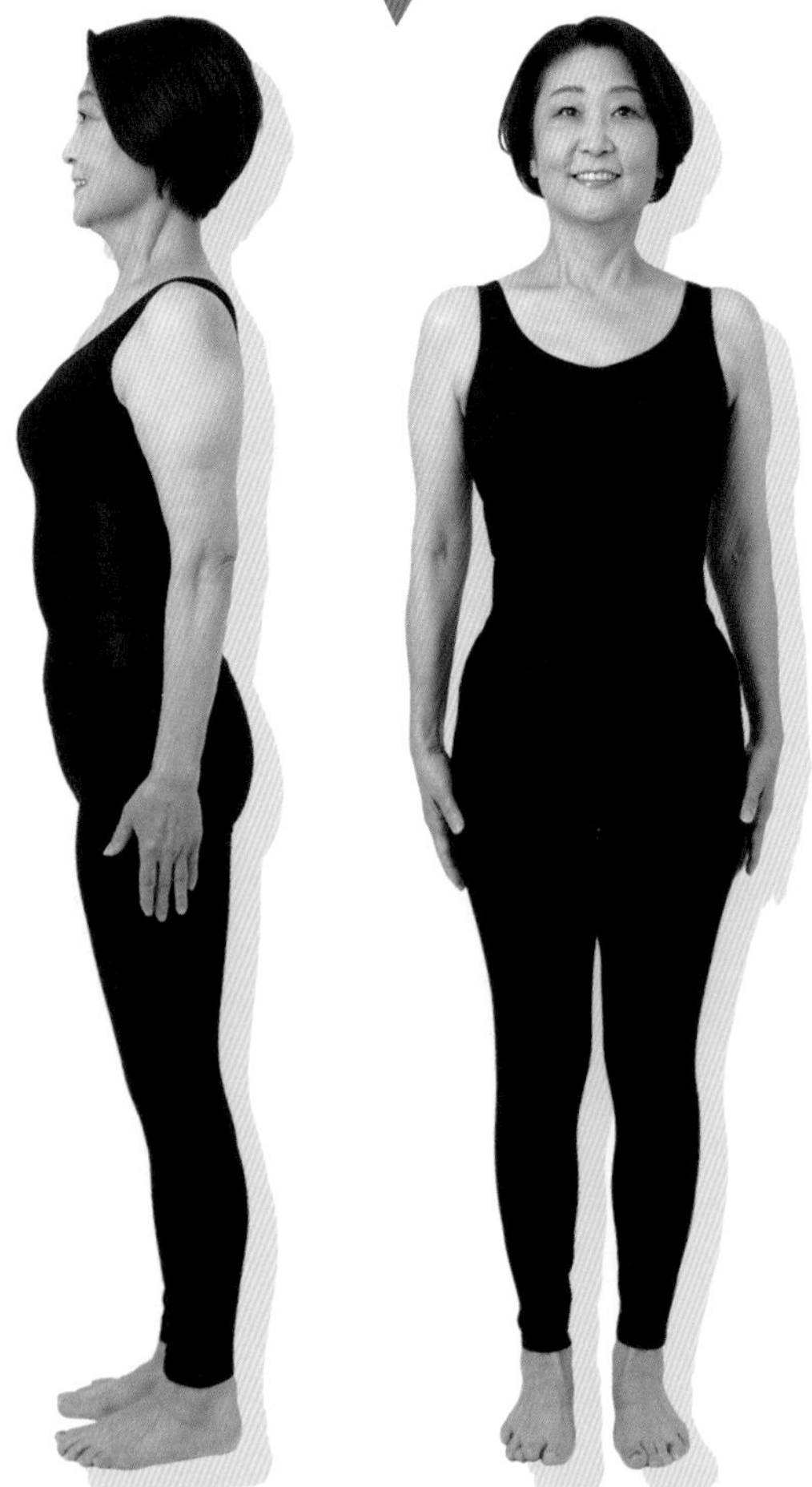

before

次に続くのは、あなた！

みるみる理想《メリハリ》

50代
古澤ゆかりさん

何をやっても ダメだったのに……！ スルスル体重18kg減！

「まくら体操」をはじめて、10ヶ月後。

はち切れそうにパンパンだった顔やおなか周りが、変にゆるむことなく、一回り二回りではきかないほど、小さくなりました！

着られる服が限られ、試着室に入るのもイヤでしたが、今ではどのお店に入っても、お洋服選びがとても楽しいです。

after

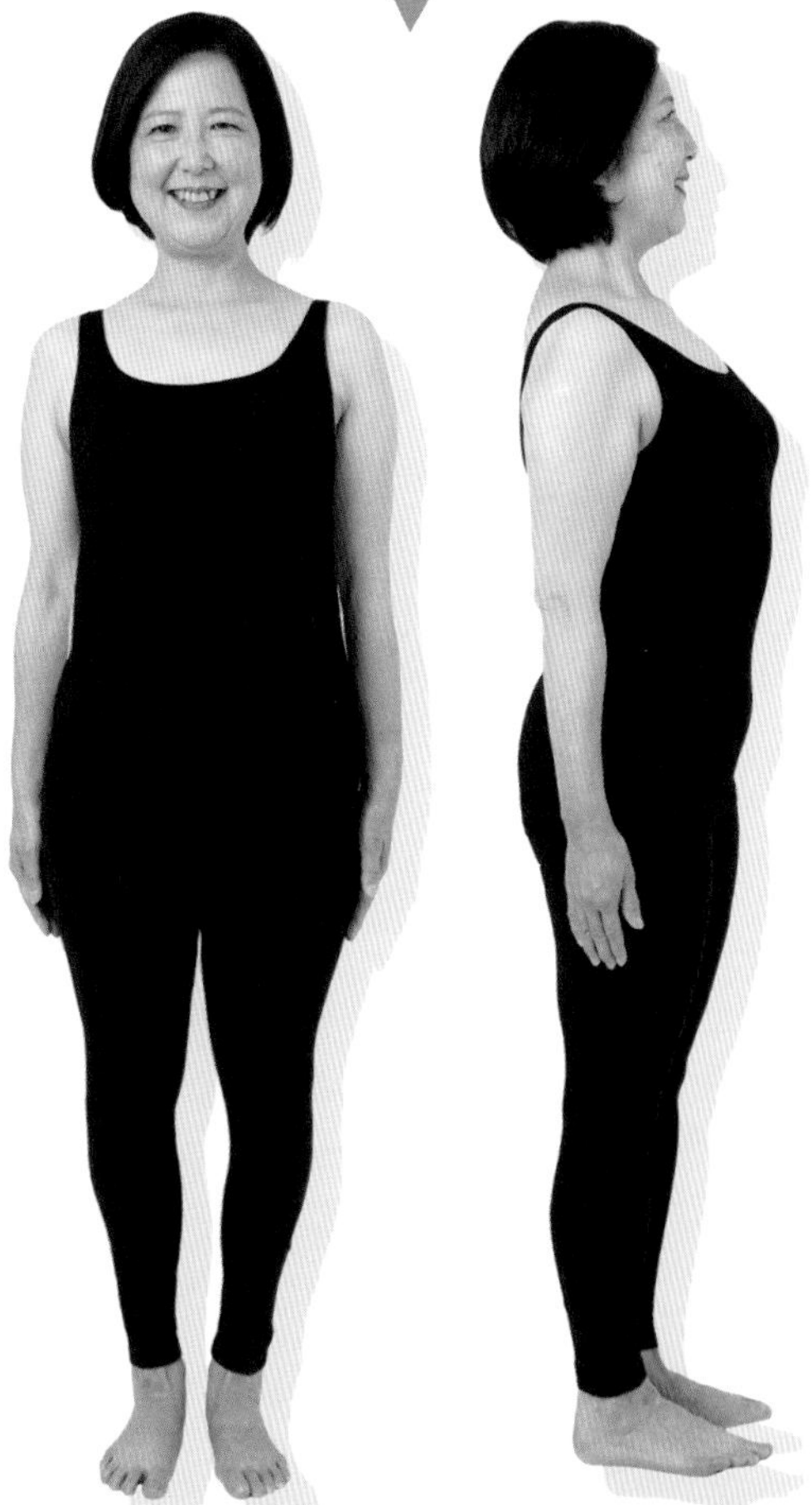

before

の体型《ボディ》になれました！

体重、コレステロール……。あらゆる数値が激的改善！「あなた一体、何したんですか!?」と病院で聞かれました！

40代

大井直子さん

「まくら体操」をはじめて、1カ月後。
ヘルニアでつらかった腰がまったく痛くない！　毎朝横向きでゆっくり起き上がっていたのに、上向きのままスーっと起き上がれるように！
さらに、
コレステロール220
→半年後129
LDLコレステロール146
→半年後60
体重11kg減
となりました。

after

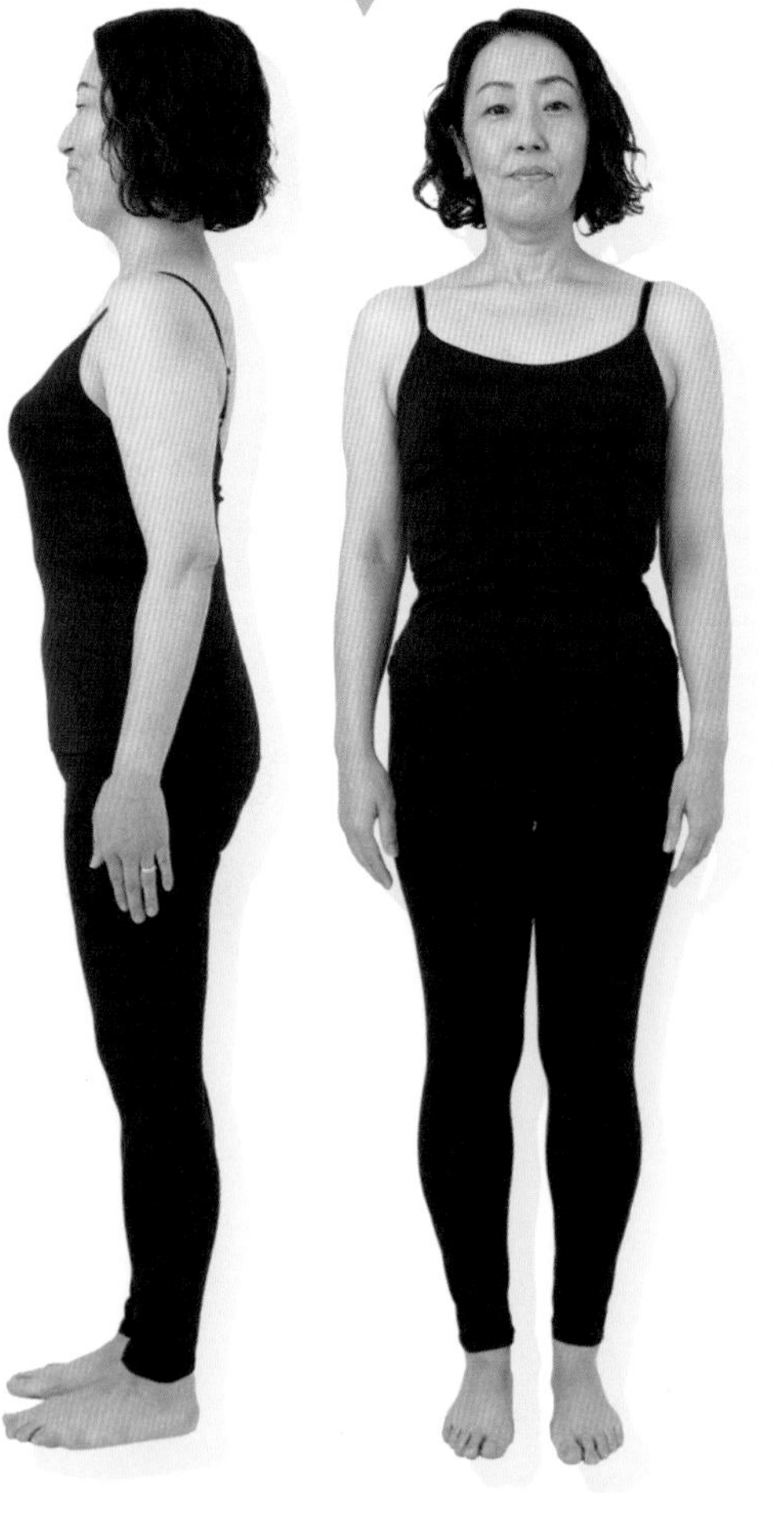

before

次に続くのは、あなた！

みるみる理想《メリハリ》

30代

美咲さん

産めば産むほどキレイに！太っていたときよりも、第3子妊娠8カ月の今のほうが、「スタイルがいい！」とほめられます！

「まくら体操」をはじめた当初の目的はダイエット。
ただ、妊娠出産には骨盤の関係が重要であると学び、それまで「当たり前だ」と思っていた生理不順が、妊娠に向けての課題であると感じました。そこで、「まくら体操」をがんばったところ、生理不順は改善。
妊娠中（第1子）にもかかわらず、体重は15kg減。
トラブルに悩まされる事なく妊娠期を過ごし、第1子、第2子とも安産で出産をすることができました。

after

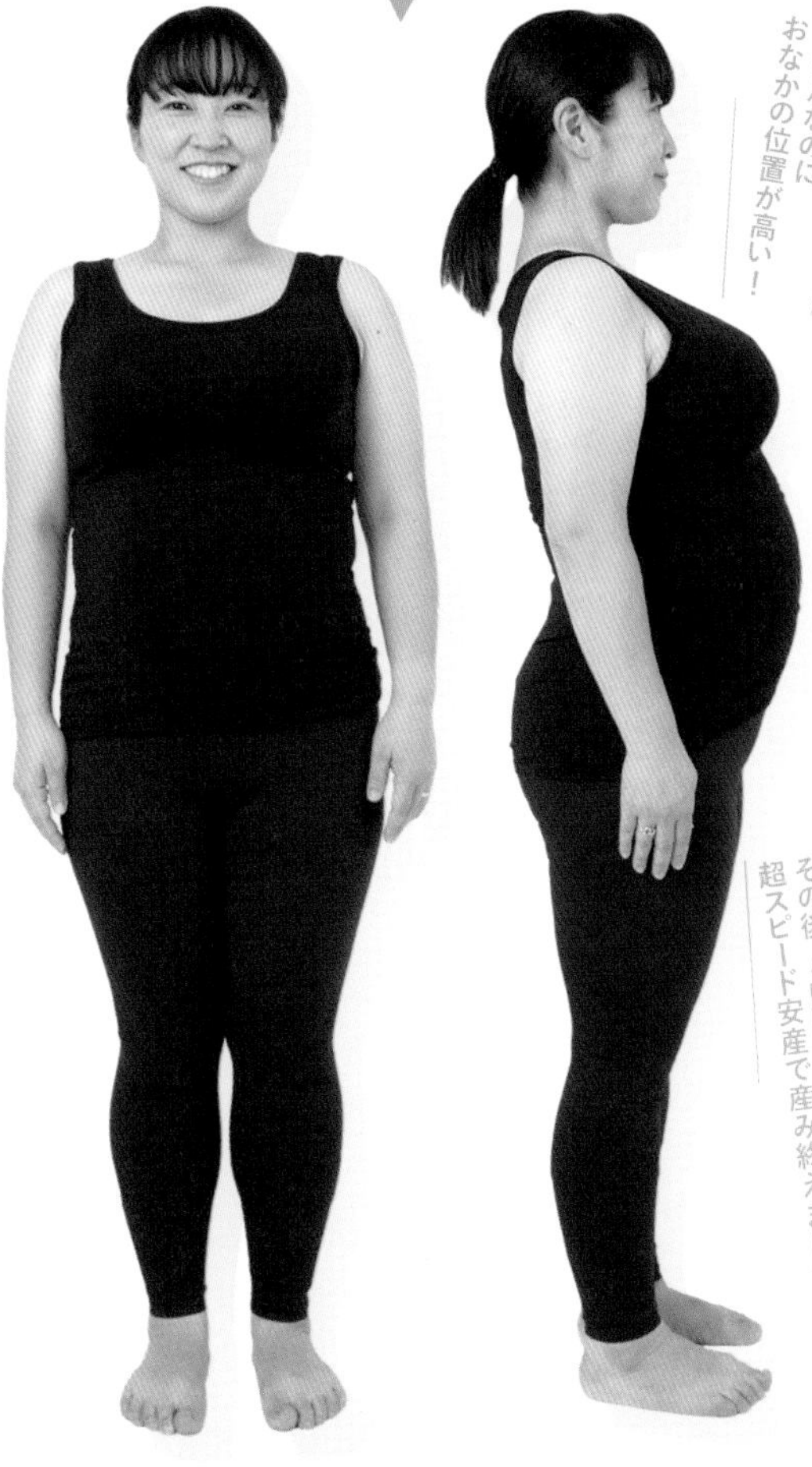

8カ月なのにおなかの位置が高い！

その後、4時間半の超スピード安産で産み終えました！

before

はじめに

「今の状態を、体型がよくわかるような恰好で、写真に撮っておくといいですよ！」

ダイエットを目的として相談にいらっしゃる方に、私は必ずこの言葉をかけるようにしています。

すると、

「このカラダがきらいだから悩んでいるのに……」

「黒歴史を、記録に残すなんて！」

と、イヤな顔をされる方も少なくありません。

でも、これから本書でご紹介していく「まくら体操」をはじめてしばらくすると、みなさん〝ぱっ〟と花がひらいていくように表情が明るくなり、笑顔を浮かべ、口を揃えてこういうのです。

「葉子先生がおっしゃったように、太っていたときに写真をもっと撮っておけばよかった！」

マクラーたち――私は生徒さんたちをこう呼びます――の激変ぶりは、まるで生まれ変わって別人になったようです。

だから、うれしくなって、過去の写真と見比べながら、

「私はこんなに変わったんですよ！」

と、自慢したくなってしまいます。

久しぶりに会った友人に「……整形したの？」と疑われてしまったと、笑い話を報告してくれたマクラーもいました。

はじめは「まくら体操」の効果に半信半疑だったマクラーのご家族が、その効果に驚いて自分もはじめてしまった、なんてこともありました。

そんな話を聞くたびに、私はうれしくてホクホクしてしまうのです。


あれこれダイエットを試し、体重は減ったのに、やせて見えない。

若いときほど食べていないのに、体型維持できなくなってきた。

気になるお肉を隠すのに、洋服選びに時間がかかる。

食べちゃいけないとわかっているのに、がまんできない……！


こうした悩みを抱える女性はたくさんいます。

私は20年ほど前から、東京都渋谷区で女性専用の整体治療院で操法（施術のことを整体ではこう呼びます）しながら、美容と健康の教育を行う整体セルフケアスクール「からだデザイン研究所」の代表をつとめてきました。

女性のカラダの研究を、長年のライフワークにしています。

「やせたい！」と願う人は多く、ダイエット市場は巨大マーケットであり続けています。そして、ダイエットというと、体重管理やＢＭＩ値を目安にすることがほとんどです。

でも、当研究所では、体重管理は一切しません。なぜなら長い間、３万人近くの女性たちのカラダとココロのお悩みに、整体指導をしながら寄り添ってきた私は、

「理想のボディラインになるには、カラダの基礎構造である『骨格バランスを変えることからはじめる』のが大事」

と、断言できるからです。

崩れてしまった骨格バランスのまま運動をしても、おデブに見える筋肉（デブ見え筋）がつくだけで、気に入らないスタイルをますます保つことになってしまうのです。

一方で、骨格バランスを変えて、ヒップアップ、バストアップした体型を維持するのに必要なやせ見え筋がしっかりつけば、自然とカラダの代謝が上がり、体重減は後からついてきます。

さらに、それを実現するのが、簡単に、いつでもどこでも自分でできる方法であれ

ば、完璧ですよね。

「骨格バランスを、自分で、簡単に、いつでも、どこでも、変えられる」

それを叶えるために開発したのが、「まくら体操」。

私自身の体型改革を基に、整体の理論と技術をぎゅぎゅっと凝縮した、シンプルで誰にでもできる整体体操なのです。

実は私自身、もともとは整体生活とはほど遠い、エゴにまみれたカラダの使い方をしていました。カラダのことなど構いもせず、まったく無頓着に生き、今振り返ると、「あの頃は、いろんなSOSのサインがカラダから出ていたなぁ」と思います。

そんな私が変わらざるを得なかったきっかけは、大好きだった実母のがん罹患からの闘病、介護、死を経験したことでした。そのストレスと失意から自律神経失調症、若年性緑内障による視野欠損など、体調不良と疾病に悩まされるようになったのです。

幸いなことに、さまざまな治療を経て、整体にたどり着き、視野が回復し、自律神経の不調から生じていためまいや立ちくらみも解消しました。

しかし、現代医学では解決策がなく薬も効果がなかった私の悩みが、なぜ整体によってよくなったのかがわからず、もやもや感が残りました。

がぜん興味が湧いてきた私は、「知りたい！」の一心で整体の世界に入ったのです。

こうして整体を学び、独自の「まくら体操」を開発したことで、私の世界は変わりました。

もともと改善したかったことだけでなく、花粉症、子宮筋腫、便秘、低体温、尿漏れ、万年肩こり首こり状態、繰り返すぎっくり腰、外反母趾……といった日常的に当たり前だと思っていた、あるいは年齢的なものだとあきらめていたちょっとした不調も、解消されていきました。

そして気づけば、吹き出物の跡形が残っていてコンプレックスだった肌まで、キレイになっていきました。

産後、上半身は7号サイズなのに、下半身は11号サイズという、アンバランスで凹凸のなくなってしまった寸胴体型が、メリハリのあるボディに変化するという副産物まで得られてしまったのです！

こうした私の見た目の激変ぶりに、幼稚園のママ友たちがいち早く気づき、ある日「私にもやり方を教えてほしい！」と自宅リビングに大集合！　子どものお迎え時間になるまでの間、数人でのレッスンがはじまったのです。

すると、ママたちの変化を見て、また人が来る。だんだん知らない人がたくさん家を訪れるようになり、家族から苦情が出はじめたので、場所を借りてレッスンするようになりました。そのうち手狭になって、また借り換える――。

これを繰り返しながら少しずつマクラーは増え続け、気づけば20年もたっていたというわけです。

今、自分の体型にお悩みのあなた。もう大丈夫です。

♥カラダが硬くても、運動が苦手でも、カラダは変わります。
♥歳を重ねていようとも、遅過ぎることはありません。
♥日々、忙しくされている方でも、問題なくこなせます。
♥過酷な食事制限をしたくない方の要望にもお応えできます。

今、どんな体型であろうとも、「まくら体操」でスタイルアップは叶います。「理想の体型《メリハリ♥ボディ》」になれるのです！

腰と首の下にバスタオルをくるくる巻いて作ったまくらを置き、仰向けになって、脚や頭をフリフリするだけの「まくら体操」を、ぜひお試しください！

まくら体操ダイエット

CONTENTS

「まくら体操」ダイエット――ポイントは「体重」よりも「骨格」だった！…… 2

はじめてに最適！

バスタオルを巻くだけでOK！　お手軽バスタオルまくらの作り方 …… 6

「まくら体操」STEP1・2・3!! …… 7

骨格が「ブサイク」だと、いくらやせようが
スタイルもブサイクのまま！…… 8

1日たった5分で驚きの効果！　なぜ、「まくら体操」はすごいの？…… 10

「まくら体操」で「理想の体型《メリハリ♥ボディ》」になれるわけ …… 16

次に続くのは、あなた！　みるみる理想の体型《メリハリ♥ボディ》になれました！（体験談）…… 20

はじめに …… 24

Chapter 1

骨格が整うと、まったくムリしていないのに みるみる「理想の体型《メリハリ♥ボディ》」になっていく！

「やせない」のは、あなたが悪いわけではない……40
骨格がブサイクだとこんな悪影響が！……42
骨格を整えると「やせやすく、かつ理想の体型《メリハリ♥ボディ》」になれる理由……44
「あれ？　やせなくなった……？」には理由がある……48
何をしてもやせなかったのに、やせた！……50
体重にこだわるのはもうやめよう～注目するのは体重より体型です～……52
理想の体型《メリハリ♥ボディ》以外にも、こんなうれしい変化が手に入る……54

Chapter 2

＼変わるわよ！／
ポッチャリさんもやせ型さんも大変身♥
「まくら体操」の「いいところ」教えます！

「まくら体操」のいいところ①
――どんな体型の人でも、スタイルアップが叶います♥……62

CONTENTS

「まくら体操」のいいところ②
――カラダが硬くても全然平気！
年齢も性別も運動神経も一切関係ありません♥ …… 64

「まくら体操」のいいところ③
――おうちで自分のペースでできるから、忙しい人でも続けられます♥ …… 66

「まくら体操」のいいところ④
――今までやってきたセルフケアや治療の効果がアップします♥ …… 68

「まくら体操」のいいところ⑤
――食事制限はなし！　ストレスからの過食や拒食が治まります♥ …… 70

Chapter 3
骨格からスタイルを作りなおす♥「まくら体操」をやってみよう！

「まくら体操」で確実に成果を上げるコツ …… 74

こわす／「まくら体操」STEP1 基本編 …… 78
その① 腰の体操 …… 78
その② 首の体操 …… 82

はぐくむ／「まくら体操」STEP2 応用編 …… 86
立つだけでキレイを作る「美骨格」スタンディング法 …… 86
こわばったカラダをゆるめてめぐりをよくする「理想の体型《メリハリ♥ボディ》」呼吸法 …… 90

めぐる／「まくら体操」STEP3 セルフメンテナンス …… 92
自分で自分のメンテナンスプランニング …… 92
好転反応アレコレ …… 96
「まくら体操」の相棒は水 …… 98
効果を上げるために必要な「ゼロの日」 …… 103
骨盤の1日の動きを意識した「ナチュラルボディサイクル」 …… 106

CONTENTS

Chapter 4

がまんしない！　がんばらない！ リバウンドしないための「ダイエット3箇条」

1箇条　あなたがやっているソレ、変化をジャマしているかも！　を知る
——よかれと思って、やっていませんか？ …… 110
2箇条　女性に備わるカラダの動きを利用する …… 118
3箇条　「まくら体操」の効果を上げるお助けライフスタイル …… 124

体験談

「まくら体操」でこんなに変われた！ …… 135

おわりに……140

本書についての注意書き

- 本書で紹介する「まくら体操セラピー」（通称「まくら体操」他含む）は、著者である〈いちい葉子〉、あるいはいちい葉子が代表をつとめる〈からだデザイン研究所〉が教えている体操法に限定されます。
- 本書で紹介する体操法その他について、どこまで取り入れるかは、ご自身の判断で行ってください。

本文デザイン　野口佳大
イラスト　あかませいこ
撮影　織田桂子（スナップ写真のぞく）
モデル　いちい葉子（著者）
ヘア&メイク　TOM(orange)
特別協力　玉置見帆

Chapter 1

骨格が整うと、まったくムリしていないのにみるみる「理想の体型《メリハリ♥ボディ》」になっていく！

「やせない」のは、あなたが悪いわけではない

「歳を重ねるごとに、食べなくても体重が減らなくなってきた」と、悩む方が多いようです。

30代半ばを過ぎてからは、「やせるどころか体重が増え続けちゃって！」と、おっしゃる方も少なくありません。いわゆる、「水を飲んでも太っちゃう！」というやつですね。

また、ダイエットで食事制限をしたところ、努力の甲斐あって体重は減ったのに、やせて見えない。トレーニングに励み、体脂肪率も体重もBMIも理想的な数字なのに、ちっともスタイルアップして見えない――と、不満を感じている方もいらっしゃいます。

こんなに努力をしているのに、思うようにならないのは「骨格がブサイク」だから。

私たちは、カラダの動きのクセや外的環境の影響で骨格がバランスを崩し、ゆがんでブサイクになってしまっています。

特に女性は、生理があり、毎月骨盤が開いたり閉じたり大きく変化する一方で、女性ホルモンの働きのため、男性ほどしっかりした筋肉がつきにくい。そのため、骨格バランスを崩しやすい傾向があります。

そして、崩れた骨格のまま、運動やトレーニングをすると、変形したスタイルの上に筋肉がつき、このカタチをキープし増強することにもなりかねません。

すべては、**あなたが悪いわけではなく、崩れた骨格バランスのせい**——なのです。

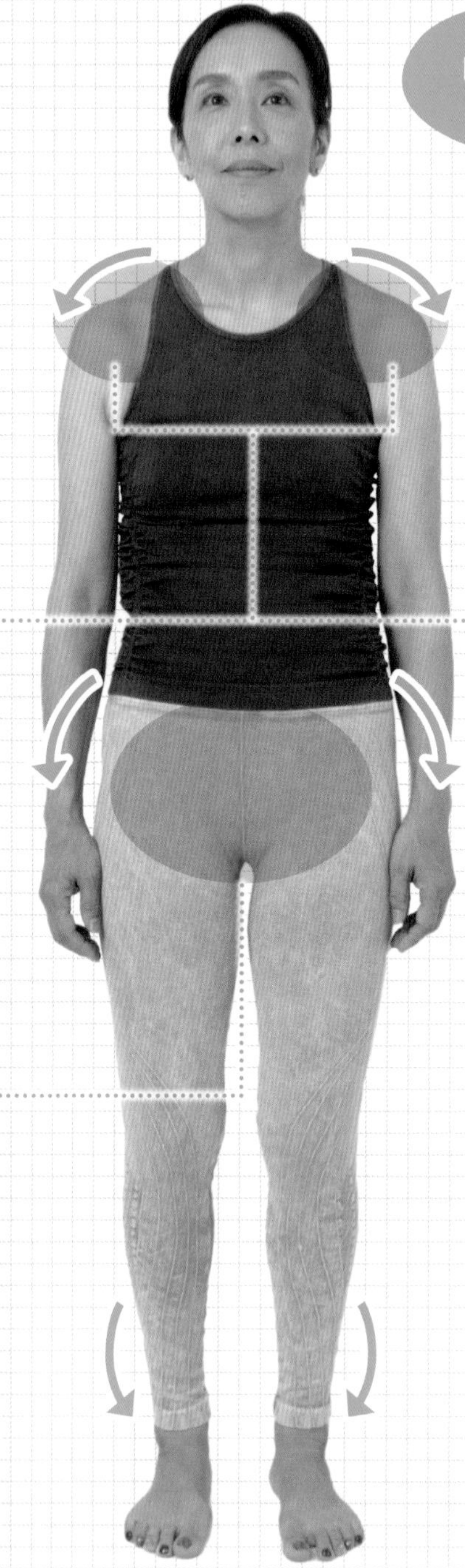

骨格がブサイクだとこんな悪影響が!

外に開いた肩甲骨、内に巻いた肩

- 広くて丸くて分厚い背中
- 二の腕のタプタプお肉
- バストのタレさがり、老けバスト(外に向いた乳首)
- 首が太い、首のシワ
- 肩こり、首こり
- 肩が上がらない
- ひじ、手首の痛み
- 呼吸が浅く肩で息をする
- 寒暖差に弱い
- ガラガラ声、のどが弱い

下がって 広がった後頭部

- 大きな顔　●エラハリ顔
- 視力低下、眼精疲労
- 噛み締め、顎関節症
- フェイスライン
  首のたるみ、シワ

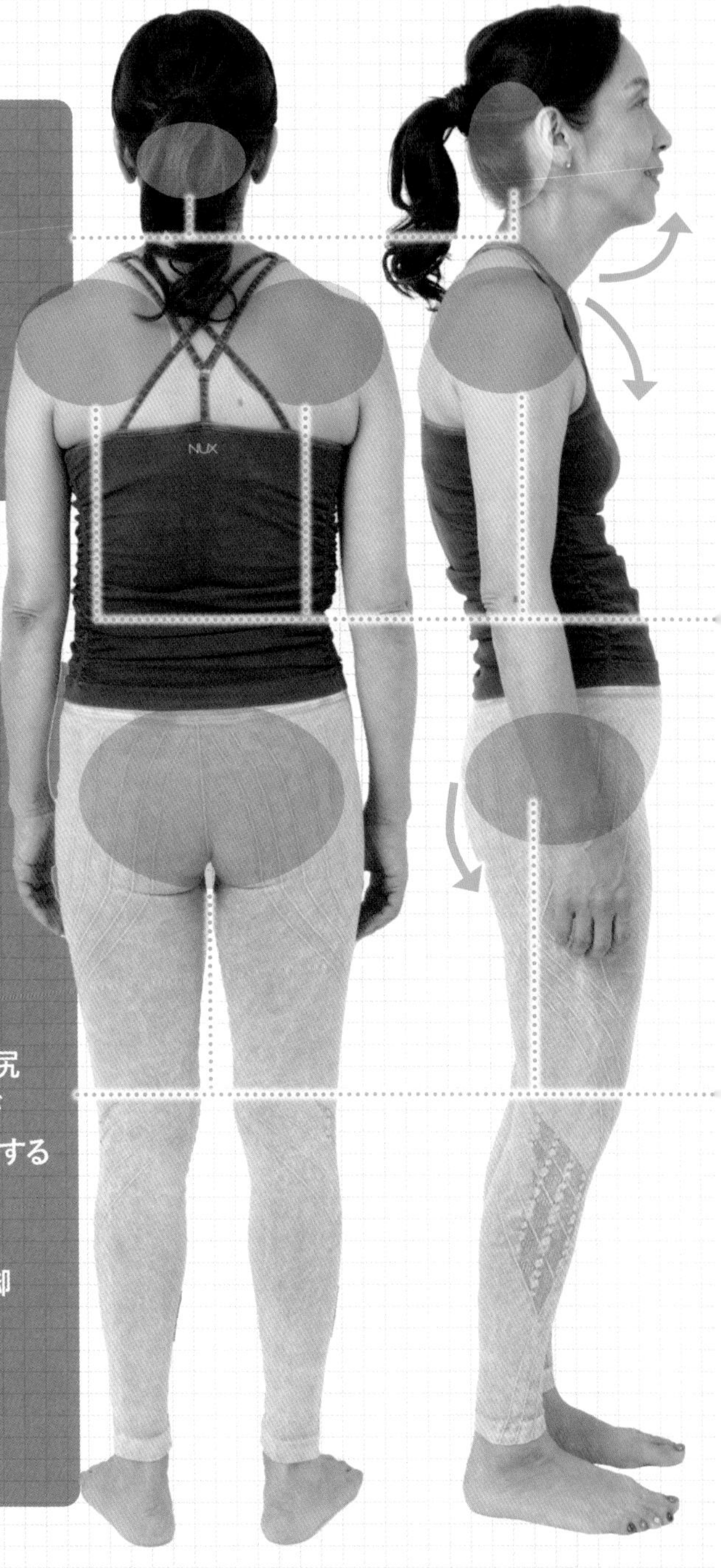

開き下がり 動きが悪い骨盤

- S字アーチのない
  悪い姿勢
- 猫背、そり腰体型
- ぽっこりお腹
- 腰痛、ひざ痛
- 血流が悪くなる　●タレ尻
- 太ももの前と横にお肉が
  ついた立派な脚、股ずれする
- 下半身だけが太い
  アンバランスな体型
- 外反母趾　●O脚、XO脚
- 頻尿、尿もれ
- 生理痛、生理不順
- 便通不調(便秘、下痢)
- 痔

骨格を整えると「やせやすく、かつ理想の体型《メリハリ♥ボディ》」になれる理由

進化の過程において、人間のカラダは骨格と骨格筋が協調して働く機能を獲得し、直立二足歩行や、手の指先の細かな動きなどを得てきました。

骨格を変えて、「やせやすい」「やせて見える」カラダにしていくには、やせ見え筋（p14）を鍛える必要があります。

そして、こわばったやせ見え筋の動きのよさを取り戻す過程で、よりよい骨のバランスを形状記憶させるように筋肉を作っていけば、可動性のあるしなやかな理想の体型《メリハリ♥ボディ》が形成されるというわけです。

骨格筋を構成している筋繊維には、大きく分けて、

①**遅筋**《ちきん》（**赤筋**《せっきん》）
②**速筋**《そっきん》（**白筋**《はっきん》）
の2種類があります。

①遅筋（赤筋／Ⅰ型筋）

遅筋は赤みがかった色から赤筋とも呼ばれ、脂肪を消費します。

収縮のスピードは比較的遅く、大きな力を出すことはできませんが、疲れにくく長時間にわたって一定の張力を維持することができます。

年齢を重ねても、衰えにくいといわれています。

②速筋（白筋／Ⅱ型筋）

白っぽいため白筋とも呼ばれ、糖の代謝に関与します。

収縮スピードが速く、瞬間的に大きな力を出すことができますが、長時間収縮を維持することができず張力が低下してしまいます。

老化が早く、20歳前後から急速に衰えるといわれています。

これら2種類の筋肉の構成比率は、遺伝で決まっており個人差があります。

でも、「脂肪を減らし、ダイエットの味方になってくれる赤筋の比率が、遺伝によって決まっているなんて！」と、悲嘆しあきらめることはありません！

白筋には、大きく分けると「Ⅱa」「Ⅱb」2種類の筋肉が存在します。

そのうち「Ⅱa」は、白筋でありながら脂肪燃焼に関与しています。

つまり、**白筋を「Ⅱa」に多く変化させれば、ダイエットに有効であり、自然とやせていくカラダになる**ということです。

では、どうすれば、「Ⅱa」に変化するのでしょうか。

それが「レジスタンス（筋肉に繰り返し負荷をかける）運動」をすることです。

さらに大切なのが、「レジスタンス運動を続けること」。三日坊主にならず、継続することが大事です。そうなると、激しい運動では、継続するハードルがうんと高くなってしまいますよね。

そこで、「まくら体操」です。

「まくら体操」は、寝て脚や頭をフリフリするだけの、とてもとてもシンプルで、カンタンな運動です。

寝転んでするので、重力と体重で椎間がおしつぶされにくくなります。また、均等に一定幅に脚と頭を振ることで、背骨のクッションの役割をしてくれることから、つねに負担がかかっている椎間板に、ゆとりが生まれ、二足歩行の人間のカラダの使い方からくるゆがみを、解消することができます。

また、まくらを使って、腰と首の適切な位置に適切なカタチのキレイなアーチを描くので、自然と立体的な骨盤が形成され、よい姿勢を保つことができるようになります。

1　硬くこわばった骨格筋をゆるめ
2　理想的な骨格バランスを形成しながら
3　やせやすい良質の筋肉を作る

「まくら体操」はこれらのポイントを網羅したレジスタンス運動であり、かつ、カンタンなので誰でも続けることができるというわけです。

「あれ？　やせなくなった……？」には理由がある

20代〜30代は女性ホルモンの黄金期。

しかし、いくら黄金期といっても、ストレスの多い昨今、不規則な生活や過度なダイエットが続くと、脳の視床下部から卵巣への指令がうまく出せなくなり、女性ホルモン（エストロゲン）の分泌が不安定になります。

女性ホルモンが周期的に分泌されなくなると、生理不順はもちろん、こりや冷え、むくみなどの体調不良も起こります。人によっては、30代から女性ホルモン分泌量が減ってしまうこともあり、これは「プレ更年期」などとも呼ばれています。

女性は、生理周期でホルモンのバランスにより、体重が大きく変動します。

排卵後から生理前にかけては、ホルモンの一種である、プロゲステロンの作用で体重が増えやすくなり、何もしなくても、最大で2kgも体重が変化するといわれています。

いわゆる更年期世代の女性は、この排卵後から生理前にかけての状況が長く続き、生理周期も不安定になったりするので、つねにやせにくく、体重が増えやすい状況になりやすいのです。

ただ、その体重増加はむくみ、水分によるものがほとんどといわれています。**「まくら体操」で骨格を整え、それを維持する筋肉がつけば、自律神経の働きが改善され、勝手に適正体重をキープするカラダへ戻っていきます**ので、安心してください。

何をしてもやせなかったのに、やせた！

30代前半くらいまでは、何をしてもそんなに疲れない、食べなければやせることができたという方も、年齢を重ねるにつれ、「全然、やせなくなってきた」「がんばりが効かなくなってきた」という話をよく聞きます。


「気がつけば自分の人生の中で今が一番太ってます！」

「入る洋服を選ぶのが大変」

「食べることに罪悪感があるけれど止められない」

という定番のお悩みはもちろんのこと、

「体重は少し減っても検診結果がよくならない」

といった、深刻な悩みを打ち明けられることもあります。

加齢によってやせにくくなる原因の多くは、代謝の低下と考えられます。

「まくら体操」は骨格が整い、自律神経の働きが改善され、やせ見え筋が増えるので、脂肪を燃やす体質を取り戻す力が出てきます。

代謝の低下をリセットするのに、うってつけの体操といえるでしょう。

また、背骨と骨盤の可動性が上がると、すべての動作も大きくなり自律神経の働きがよくなるので、循環がよくなります。エネルギー消費量もアップします。

だから誰でも、やせ効果を得られるわけです。

実際、産後や更年期の方、高齢者の方など幅広い層の方がプログラムに参加され、あきらめていたのにフリフリしているだけでやせられたと、喜びの報告をしてくださいます。

50代で10kgから20kgやせる方は、当研究所では珍しくありません。

この年代は更年期などでホルモンバランスが崩れがちのため太りやすく、ダイエットをしても、なかなかやせないという方が多いのですが、「何をしてもやせなかったのに、やせた」「サイズ選びに奔走せず好きな服が選べるようになった」といった声をいただいています。

体重にこだわるのはもうやめよう
～注目するのは体重より体型です～

「まくら体操」では、1カ月で2kg以上、体重を落とさないように指導しています。「体重にこだわるな」といっておきながら、目安の体重を示すのも変な話ですが、過剰なスピードで体重を落とすのには、やはりデメリットがあります。

最近ジムに通いつめて、高強度の筋トレや有酸素運動をし、厳しい食事制限をして短期間で体重を激減させる人が増えてきました。

これは一時的には効果的だったり、ある人にとっては効果が維持継続できるやり方ではあるのですが、万人にはおすすめできません。

特に女性の場合、30代半ば以降に短期間で大きく減量すると、サイズダウンに肌の戻りが追いつかないので、顔やおなか、腰回りの皮膚がゆるみ、下腹部、おなか、おしりに深いシワが生じるなどのトラブルが起こります。

中でも顔の肌の下垂は激しく、一気に老けて見えかねません。

厳しい食事制限で、必要な栄養素が不足し、肌がカサカサになってしまいツヤがなくなる人もいます。

また、脂肪よりも筋肉のほうが重いため、同じ60kgでも脂肪が多い人と筋肉が多い人では、体型がまったく違って見えるのです。

人は見たまま。

体重ではなく体型にフォーカスポイントを移してみるだけで、負のスパイラルから抜け出せると思います。

理想《メリハリ♥ボディ》の体型以外にも、こんなうれしい変化が手に入る

「まくら体操」によるうれしい変化は、理想《メリハリ♥ボディ》の体型が得られるだけにとどまりません！
次に紹介するような、ハッピー効果もあるのです♥

まくら ハッピー効果① 脂肪燃焼が高まる！

二足歩行である、われわれ人間の動きの要となるのは骨盤です。その上に背骨と頭蓋骨が乗っかっていて、その中を自律神経の束が通っています。

骨格バランスが崩れてブサイクになると、自律神経の働きが阻害され、内臓機能の働きが衰え、代謝が悪くなり、やせにくくなります。

「まくら体操」で背骨と骨盤の動きのよさを取り戻し、それを支えるやせ見え筋がついてくると、自然と深い呼吸ができるようになり、血液の流れが促進されます。すると、カラダが芯からあたたまって循環がよくなり、エネルギー消費量が上がります。人によってはまくら体操をするだけで、汗ばむこともあるほどです。つまり激しい運動をしなくても、しっかり脂肪を燃焼できるカラダになります。

まくら

ハッピー効果② 代謝力や自己免疫力もアップ！

「まくら体操」の、腰と首にまくらをあて脚と頭を振る動きは、「骨盤」「背骨」「頭蓋骨」と、自律神経の通っている箇所を微弱に動かすので、とどこおっていた働きがよくなり、カラダの代謝力や自己免疫力もアップします。

脳全体をリラックスさせる効果もあり、ホルモン分泌に関わる下垂体の機能が整うことで、ホルモンバランスの乱れで起こる更年期障害の症状や、産後のマタニティーブルーなどの改善にも役立ちます。

まくら

ハッピー効果③ 痛みやこり、冷えの解消

冷えはカラダの状態やクセ、ストレス、循環器と発汗、体温調節に関わりの深い部位が硬直することで生じます。背中の筋肉の硬直が背骨に伝わり、胸郭が圧迫されて肋間がつまって心臓に負担がかかるというメカニズムです。

手脚の末梢血管まで酸素や栄養が運べなくなり、血液循環が悪化することによって、手脚にまで熱が運べなくなるため、体温も低下します。

「まくら体操」をすると、背骨の硬直がゆるみ自律神経の働きがよくなるので、心臓、肝臓の機能や体温調節機能がアップし冷えを改善します。

まくら

ハッピー効果④ 不眠の解消、睡眠の質の向上

カラダは、寝ている間に傷ついた細胞を修復したり、脂肪を燃やしたりします。脳の中も同じです。日中にたまってしまった老廃物を、脳は睡眠中に排泄しています。

そのため、不眠は脳にとってもカラダにとっても非常に悪影響です。

「よく眠れない」という人は、たいてい背中の左右差がひどく、ゆがんでいます。

また、頚椎《けいつい》（首の骨）も椎間が狭くなってアーチがなくなっています。

背中の筋肉の緊張をゆるめると、背中の左右差のこわばりもとれて、背骨のゆがみも改善します。同時に、脳は深いリラックス状態に入ります。

寝る前に「まくら体操」をすると、背骨の間が広がり、周りの脊柱《せきちゅう》起立筋《きりつきん》もゆるんできます。睡眠の質が改善されるというのはこのためです。

まくら ハッピー効果⑤ 便秘解消

食べ過ぎで起こる場合も多い便秘。胃の機能低下は、消化器全体の蠕動《ぜんどう》運動を弱くするため、食物がスムーズに運ばれなくなります。

また、肩を落とした姿勢が続くと、胸郭の前側が圧迫され、みぞおちに隙間がなくなり胃に負担がかかりはじめます。

胃の疲労が腸にも及び、消化器全体の蠕動運動が鈍ってしまいます。

「まくら体操」では、腰の体操で脚を左右に振る動きが蠕動運動を促し、便秘解消につながります。

まくら

ハッピー効果⑥ メンタルバランスの安定

姿勢にはその人の性格が反映されています。

姿勢と性格は互いに影響を与え合っています。

たとえば、疲れたときやおなかが痛いときなどは、猫背の姿勢になりがちで、自分を守ろうという意識が強くなったり、やる気が起きず、ネガティブな発想をしがちになったりしますよね。

また、左右の肩の高さの差が激しいときは好き嫌いが激しくなったり、首がねじれているときは疑い深くなったりという傾向が出てくる人も多いようです。

とはいえ、ストレスが多い現代、ハードなスケジュールをこなし、かたよったカラダの使い方をしながら過ごすわれわれは、日々、カラダの左右差やねじりを自然と蓄積しています。よい姿勢を保つのもひと苦労という状態です。

ココロとカラダは影響し合っていると、私たちはすでに気づいています。

ココロ穏やかに過ごせる、完全にストレスがない環境を、自分の都合で作ることは難しいものです。

だからこそ、「まくら体操」で、日々の部分的な疲労層やねじれやゆがみがとれ、美しい姿勢に戻れば、自律神経の働きが整い、睡眠の質も上がり、ココロがざわつくことも減り、ラクに過ごせるようになります。

Chapter 2

＼変わるわよ！／ポッチャリさんもやせ型さんも大変身♥

「まくら体操」の「いいところ」教えます！

「まくら体操」のいいところ①
どんな体型の人でも、スタイルアップが叶います♥

骨格を支えるのは筋肉です。

「まくら体操」を実施すると、骨格のフォルムが変わってくるので、体重が減るだけでなく、部分的にやせたい部分がやせ、スタイルアップが可能です。

たとえば、おなかだけがぽっこり出て、バスト・ウエスト・ヒップの差がないずん胴体型の方。これは骨盤が下がって腰が下垂することにより、おなかの前でカラダを支えるような体型になっていることが原因です。

カラダの力学からいうと、力がかかり支える部分にお肉がつきやすくなるので、ももの前やおなかの前、胴回りに肉がつきやすくなってきます。

さらに前にばかりお肉がつくようになると、重心を崩しやすくなるので、拮抗させるような筋肉もついてきます。具体的にいうと肩の周りやふくらはぎの裏側などです。

このように、やせ型さんでもポッチャリさんでも関係なく、骨盤が下がりおなかの前でカラダを支えるような体型になると、おなか周りだけでなく、脚にも首にも背中にも負担がかかり、しなやかさもメリハリもない、全身ずん胴体型ができ上がってしまいます。

どんな体型の人でも、「まくら体操」をすることで、骨格が変わり、カラダの力の流れが変わるためスタイルアップが叶います。

「まくら体操」のいいところ②
カラダが硬くても全然平気！
年齢も性別も運動神経も一切関係ありません♥

「まくら体操」は、自宅で寝転んでできる、簡単な腰と首の二つの体操だけなので、バスタオルで作ったまくら以外に特別な道具もいりませんし、トレーニングウエアも必要ありません。

ボールを投げたり走ったりすることもありませんので、センスや運動神経も一切関係ありません。ケガもしません。

ヨガや新体操のように難しいポーズをとることもないので、カラダが硬くてもできます。

ですから、**体力に不安のある年配の方でも、運動が嫌いな人でもトライすることができます。**

私の父は、60代から腰痛があり、湿布薬が手放せない状態になり、70代半ばには病院にかかるようになりましたが、あまり改善が見られない様子でした。

そこで、「まくら体操」を教えましたが、ある日実家を訪ねると、寝て腰にまくらをあて、ひざを立てて脚を組んでテレビを見ています。

「なんでちゃんとやらないの!?（怒）」

とケンカになりましたが、しばらくすると、父の腰痛は改善。

病院通いもなくなり、湿布はたまったまんま、いつしかお蔵入りしていました。

そんないい加減なやり方でも、まくらのアーチに腰を乗せていれば、重力と体重でおしつぶされた椎間が広がり痛みがとれたのです。

ただ、その形状をキープするには筋肉が必要。残念ながら、乗っているだけでは筋肉はつきません。

本書をお読みの方は、しっかり「まくら体操」を実践して、根本的な骨格改造を目指していただければな……と思います！

「まくら体操」のいいところ③
おうちで自分のペースでできるから、忙しい人でも続けられます♥

「まくら体操」は、ご自宅で自分のペースで好きな時間に取り組めます。なので、忙しい方からもとても好評です。

私たちの骨格は、日々のカラダの使い方のクセでカタチ作られています。クセやとどこおり、こわばりなどを日々自分で解消することができれば、理想的なカラダのフォルムがキープできるわけです。

1週間に1度、整体治療にかかっても、施術してもらったそのときはよくても、すぐ元に戻ってしまいますよね。

1週間に1度だけ1時間トライするより、5分でもいいので毎日実践する方が効果的なのです。

また、今まで通っていたエステサロンや治療院や病院に行く回数が減ると、時間の節約にもなります。

さらには二つの体操だけで、寝転んだまま、ナガラでやってもきちんと効果が得られるのはもちろん、自分がもう改善しないとあきらめていた症状や体質まで変えられる点が、うれしすぎるという声を、当研究所の生徒さんたちからは、よくいただきます。

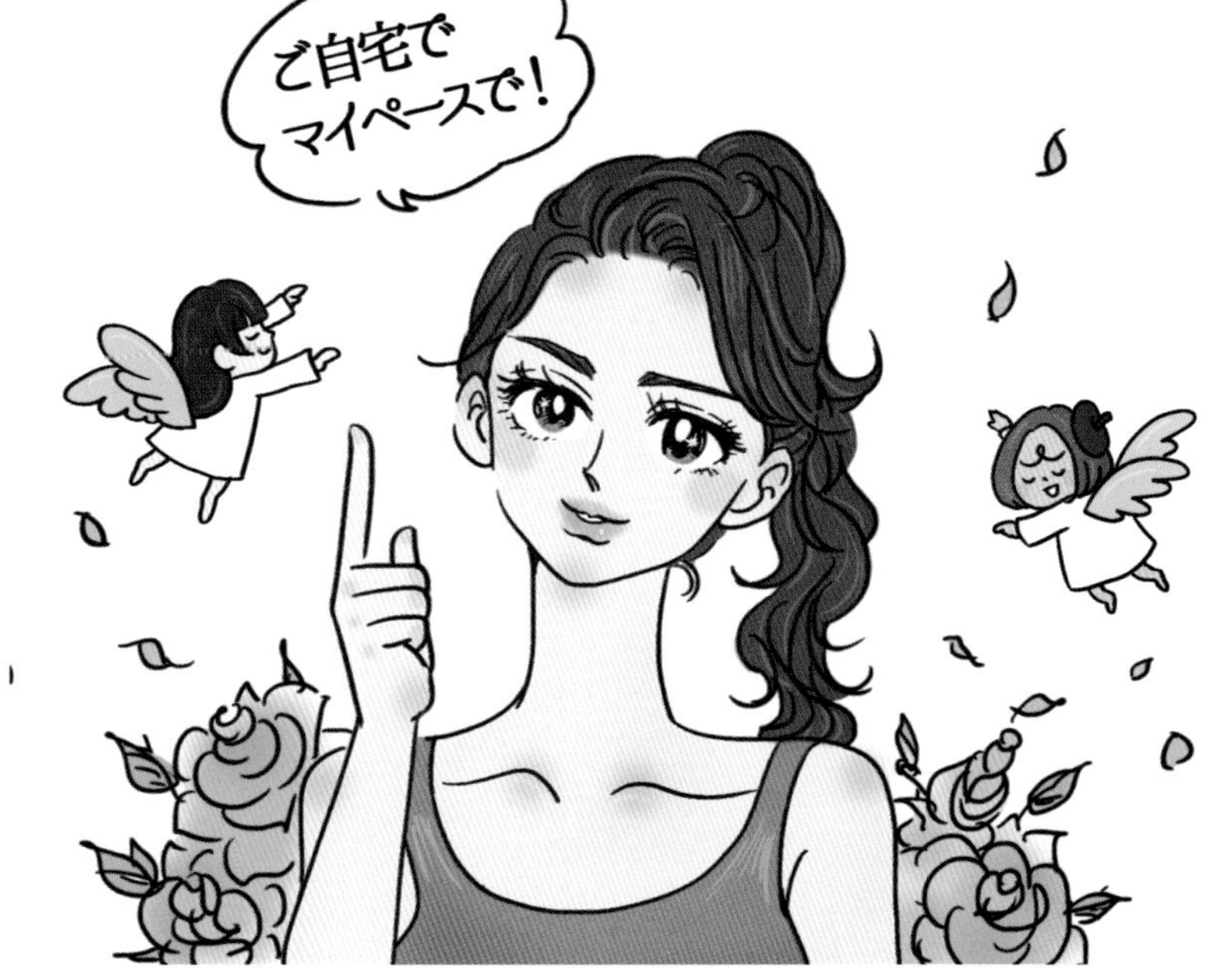

「まくら体操」のいいところ④
今までやってきたセルフケアや治療の効果がアップします♥

「今までやってきた、私の努力は何だったのでしょう」

そんな声をいただくことがあります。

これまでダイエットのために使った時間やお金、労力を考えると思わずそんな声が出てくるのも仕方ないのかもしれません。

が、安心してください。

今はよほどの悪徳商法でない限り、どのメソッドもすばらしいものが多いです。

ただその**効果が見られなかったのは、基礎的な骨格が整っていなかっただけ**です。

やればやるほど使いやすいところばかりに筋肉がついて、体重は減っても満足いくスタイルにならなかったり、今まで自分が気にしていた部分に、さらにお肉がついてしまったりといった、逆効果にも思えることが起こっていたのです。

「まくら体操」で、理想的な力学が働く骨格バランスを作り、自律神経の働きもよくなり、代謝がよくしなやかなカラダができたとき、ぜひ、以前に学んだメソッドや知識をまた掘り起こしてみてください。

学んだときには理解できなかったことが、カラダで実感できたり、難しいと思ってあきらめていた体操やヨガのポーズ、筋トレなどもするとできるようになったり、といった驚きの効果が自分のカラダに見られるはずです。

実際私も、ヨガの講師経験がありますが、そのときにカラダが硬くてうまくできなかったポーズが、難なくできるようになったり、十数年ぶりにラウンドしたゴルフでは、飛距離がよくなり、キャディーさんに筋がいいとほめられたりと、うれしい驚きが起きています。

「まくら体操」のいいところ⑤

食事制限はなし！ ストレスからの過食や拒食が治まります♥

ダイエットというと、手はじめにまず食事を制限する方が多いのではないでしょうか。

私も、体質改善のために食事の制限をしたことがあります。糖質をカットするために大好きなパンを絶ったり、断食をやってみたりしました。

やったことがある方はわかると思いますが、制限をやめた途端、それまでのがまんの反動で爆食いしてしまいます。

私の場合だと、パン2斤を一気食いとか……。

ここまで極端ではないかもしれませんが、たいていの方がこのような経験をしたことがあるのではないでしょうか。

そんな、自分の数々の失敗から気がついたのは、健康のために何を飲食したらよいかにこだわるよりも、**「その食物を必要とするかどうか」を判断できる、感受性の高いカラダになることを目指したほうが、結果的におトク**だということです。

必要なものは吸収し、不必要なものはカラダの外に排泄する、自然のメカニズムがうまく循環するカラダを取り戻すと、食べる量や質にこだわり過ぎなくても、一定の体重と体調が保てるようになります。

私の日ごろの食生活やライフスタイルを、一緒に過ごした人や、ＳＮＳの配信で見た人からは、

「葉子先生はカラダにいいものしか食べないのかと思っていました」
「お酒もお肉もそんなに召し上がるんですね」
「パンもスイーツもそんなに食べて大丈夫なんですか」

こんな言葉をいただくことが非常に多いのですが、食べるということは人生を楽しむ上で

必要不可欠なこと。いつまでも食べるのを楽しむために、「楽しめるカラダ」を作ってほしいなと思っています。

ただ、のべつまくなしにずっと食べていれば、当然のことながらカラダの代謝力との反比例を起こして体重は増えていきます。

なので、いつ食事を制限するかというタイミングが大事なのです。

食べるものを減らしただけでは、体重は減っても健康にもならなければ、理想《メリハリ》の《♥》体型《ボディ》も得られません。


おもしろいのは、「まくら体操」で勝手に脂肪が燃えるカラダになり、骨格のバランスが整うと、自律神経の働きもよくなり、消化・吸収・排泄のプロセスが元通りに戻っていくことです。

食欲抑制効果も強くあらわれ、食べ過ぎたとしても排便の量が増える、不必要なものを食べ過ぎた場合には下痢をするなどして、カラダが勝手に反応してくれるようになります。

多くの方が自然と適正の食事量になり、理想的なカラダをキープできるようになっていきます。

Chapter 3

骨格からスタイルを作りなおす♥「まくら体操」をやってみよう！

「まくら体操」で確実に成果を上げるコツ

＼まくら／

自分で骨格改造！「まくら体操」の効果を上げる3ステップ

「まくら体操」はとってもシンプルかつカンタンで、自分のペースに合わせて誰にでもできる整体体操です。

ただ、効果を上げるにはちょっとしたコツがあります。

それは、

①HOP（毎日）
②STEP（夜寝る前に）
③JUMP（できるだけ長く）

の順にトライしていくことです。

①HOP（毎日）

「まくら体操」で、理想の体型《メリハリ♥ボディ》を手に入れるための最大のコツは、少しずつでもいいので、毎日続けること。まずは、毎日5分、続けてみましょう。

食事し終わったら、歯磨きで歯と口腔内をキレイにするように、「まくら体操」を毎日の習慣にして、カラダのとどこおりをほぐし、骨の可動をよくしていきましょう。

②STEP（夜寝る前に）

もうちょっと早く変化を出したいという方は、毎日、夜寝る前にすると効果的です。

立位の際の重力の影響や自分のクセにも影響されない就寝中、寝る直前にカラダに覚えさせた筋バランスに引っ張られるように、骨格バランスが変わってきます。

③JUMP（できるだけ長く）

さらに、早くなんとかしたい！　という方は、できるだけ長い時間トライしてみましょう！　腰と首のアーチをしっかりカラダが形状記憶し、理想の骨格バランスに早く近づくことができます。

＼まくら／

「ポジションどり」が一番大事！

寝転んで、まくらをあてて脚と頭をフリフリするだけの「まくら体操」。

ここで、一番大事になるのが、「ポジションどり」です。

腰の体操、首の体操ともに、まくらをあてる位置、脚の角度、手の位置がとても大切です。正しいポジショニングをすることで、よりその効果は高まります。

＼まくら／

「腰の体操」と「首の体操」は必ずセットで！

「まくら体操」を行う際は、「腰の体操」→「首の体操」の順に、必ず腰と首はセットで行ってください。

『カラダ』という家を建てていくように

「まくら体操」は、骨格を再構築するイメージで進めると、うまく成果が上がっていきます。

たとえれば、古くなってガタがきているゆがんだ大黒柱に支えられた家を、基礎工事からやり直し、その上にステキな新しい家を建てようとしているようなものです。

初心者の方は、まずはカラダの軸の基本である骨盤から、整えることに時間を使いましょう。――つまり、腰の体操を重点的に行います。背骨が大黒柱だとすると、骨盤は土台の部分。ここを整えなければ、上半身の改造に手をつけても、土台（骨盤）が整っていないため、すぐにリバウンドしてしまいます。

- **5分時間があるなら、腰の体操を4分、首の体操は1分**
- **30分時間があるなら、腰の体操を25分、首の体操5分**

の割合を目指します。

こ わ す

「まくら体操」STEP1 基本編

その❶ 腰の体操

- 骨盤の左右のズレを調整し、左右の筋バランスを整える
- 椎間板を広げ、神経の流れをよくする
- 背骨のズレを調整し、腰に湾曲(アーチ)をつける
- 血行がよくなり新陳代謝が促進される
(冷え性、脚のむくみ、だるさが解消される)
- 便秘が解消される(腸を刺激し、蠕動運動を促す)

1 まくらを差し込む

仰向けに寝て、脚を閉じ、ひざを立て、腰を少し持ち上げ、おへその裏側あたりにまくらを差し込む。

POINT まくらの位置がずれないように、腰をまくらに垂直に押し付けるようにピッタリとくっつける。

2 ひざを90度くらいの角度に立て、両脚をぴったりつける。

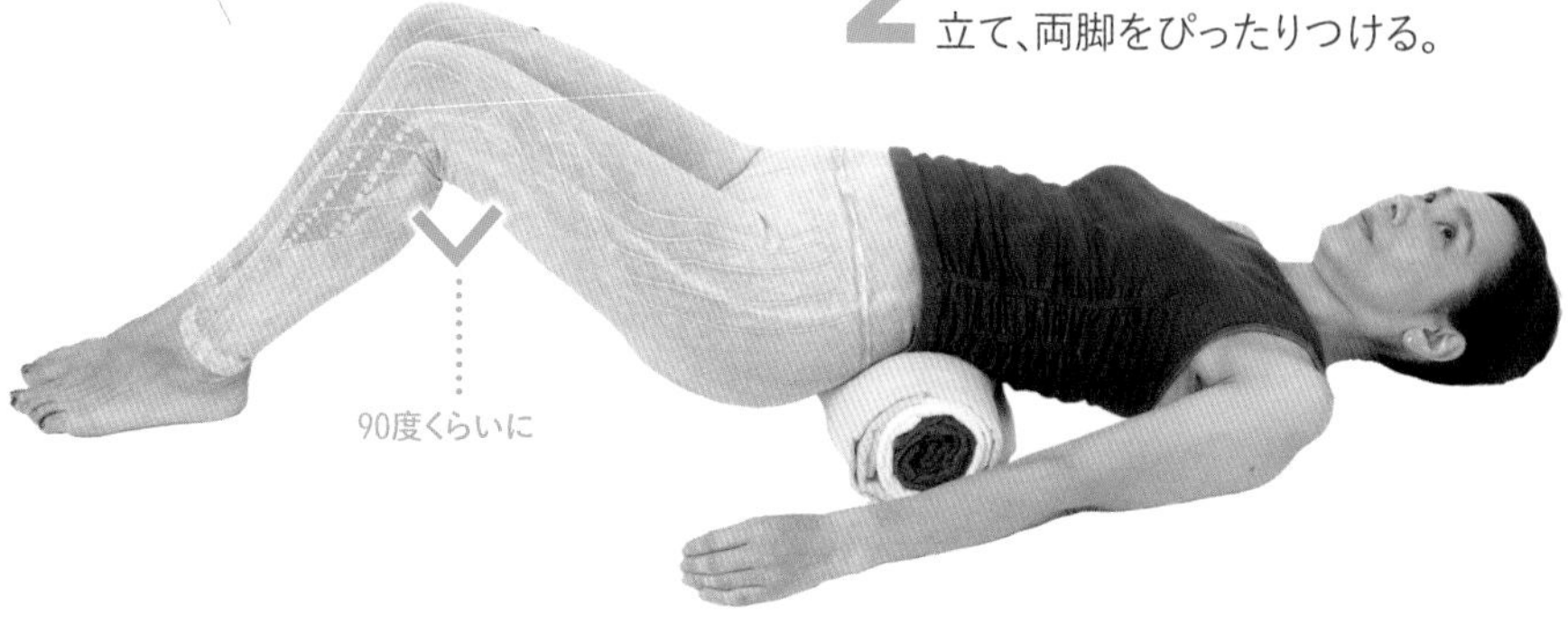
両脚を
ぴったりつける
90度くらいに

3 中心軸を作るように力を集める

おしりの穴をぎゅ〜っと締める。内股を締める。
脚元を、外側から力を流すように内側に締める。

POINT かかと→内くるぶし→土踏まず→指先、と順に外から内へ締めていくと締まりやすい。

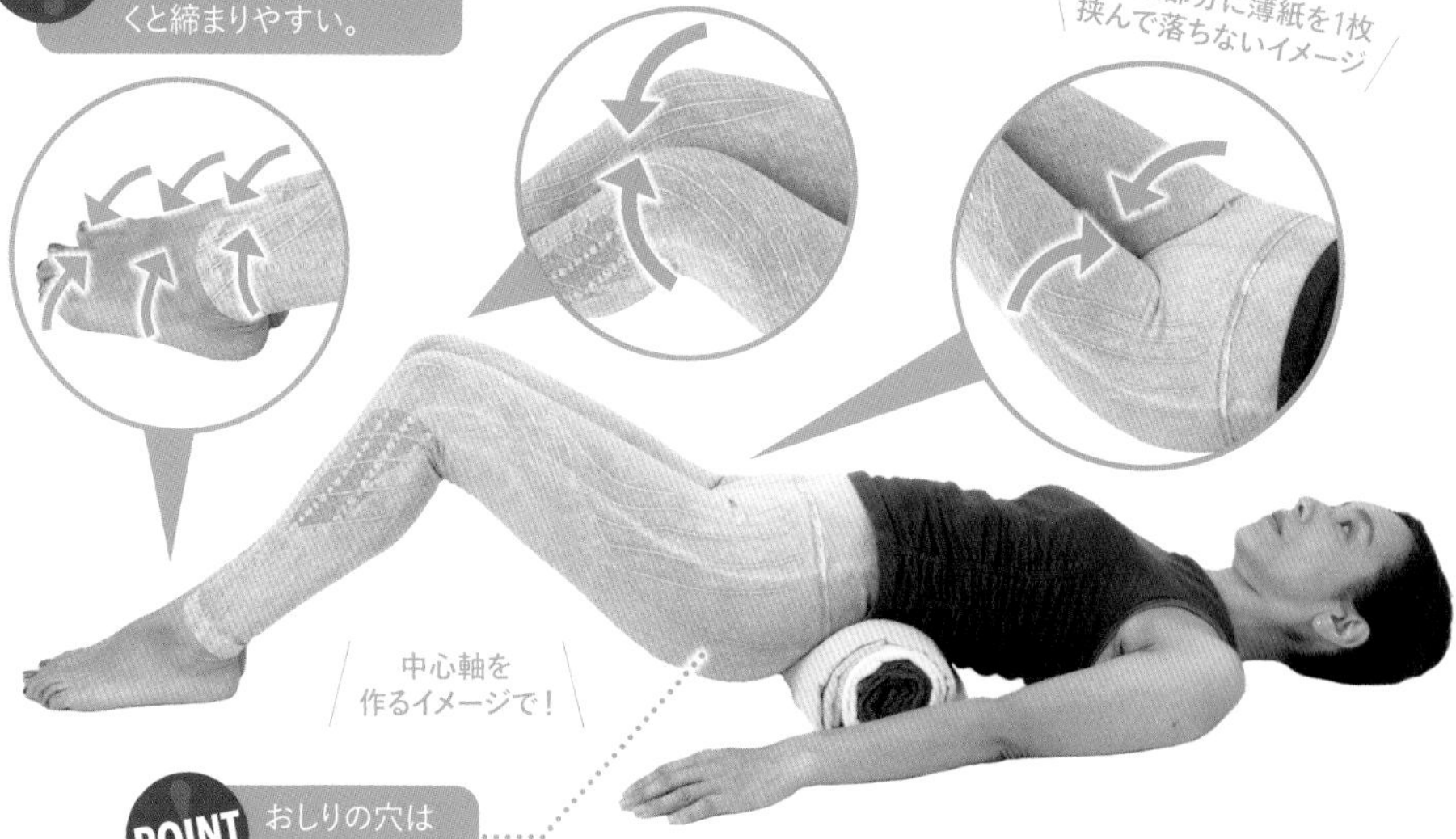
つけ根部分に薄紙を1枚挟んで落ちないイメージ
中心軸を
作るイメージで！

POINT おしりの穴はゆっくり締める

NG! キュッと勢いよく締めるとおしりの周りの違う筋肉に力が入り、おしりの穴が締まらないので注意！

4 上半身を整える

3の状態をキープしながら、胸を開き、背中(背骨)をできるだけ床につけるようにする。

手はまくらの上に軽く置き、親指を背中とまくらの間に滑り込ませる。

(親指以外の指はそっとまくらの上に置くだけにする)

肩を
いからせない
(浮かせない)

NG!


上胸部に力が入り過ぎて肩をいからせ浮いてしまうと、手がまくらをつかむようになってしまうので注意!

その場合は、手をまくらの上に置かずに、手のひらを床につけて腕を伸ばし、まくらにしっかりと添わせるようにセットしてみましょう。

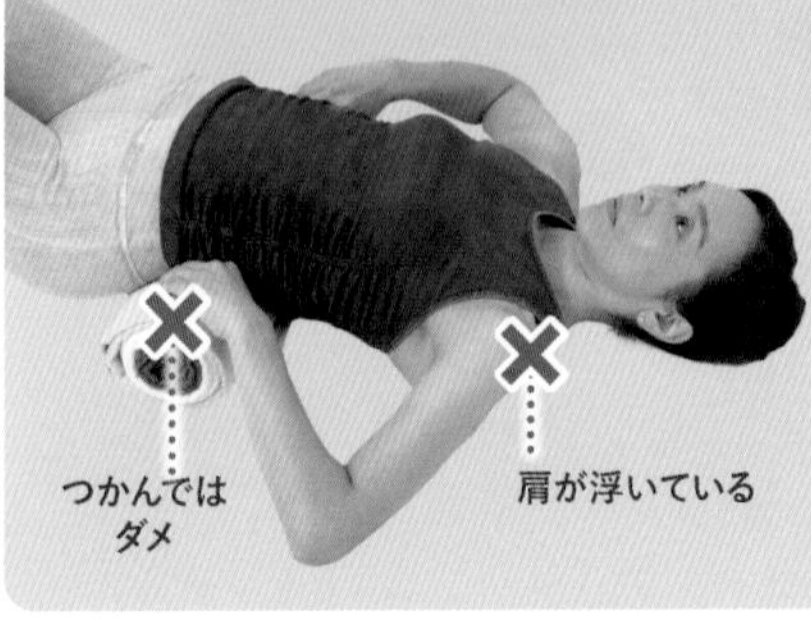
つかんでは
ダメ
肩が浮いている

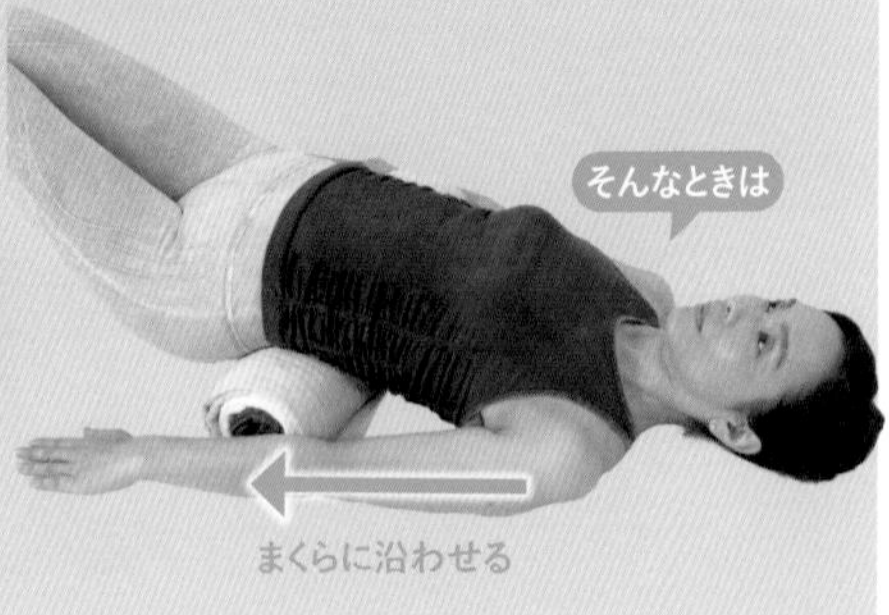
そんなときは
まくらに沿わせる

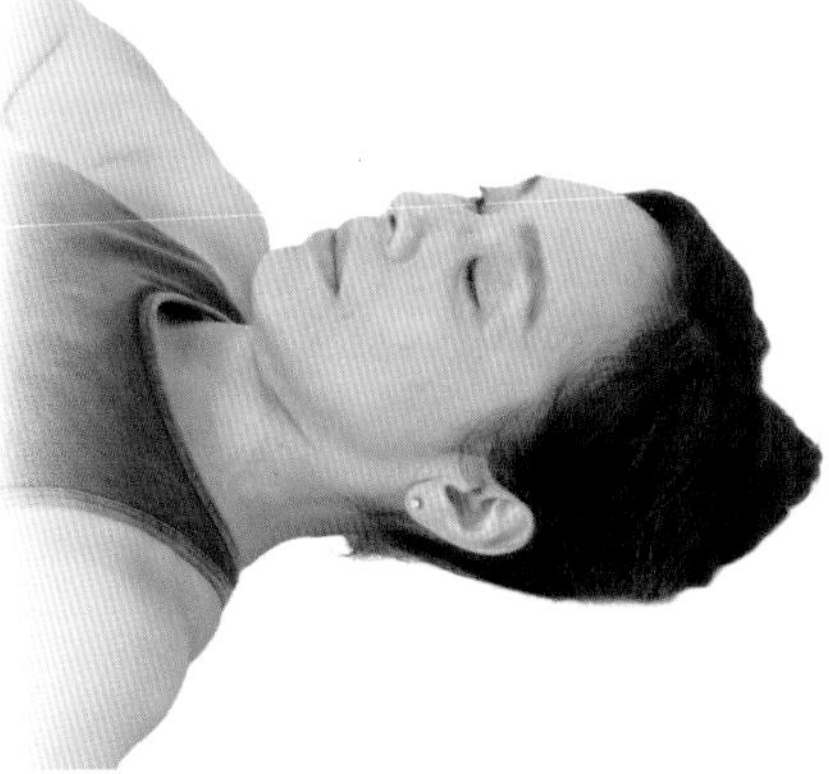

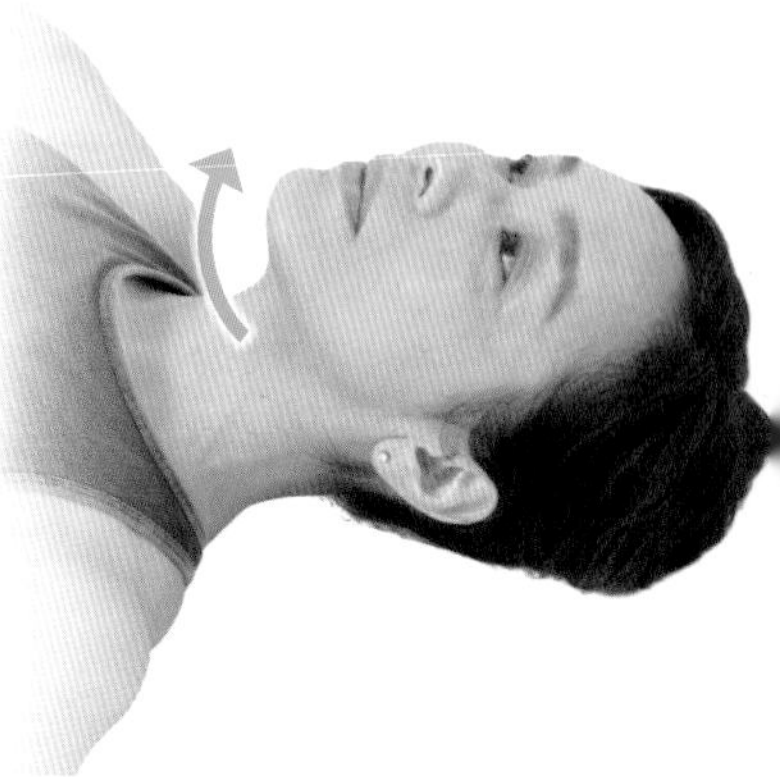

5 顔の位置をキメる

もう一度、おしりの穴と内股を締め、下半身がしっかり締まっているかを確認したのち、あごを天井方向にすっと引き上げる。

6

1〜5のポジショニングがしっかりできたら、内ももで反対の内ももを押すように、腰幅くらいの振り幅で左右に振る。

※終わったら、横を向いて転がりながらまくらを抜くこと

POINT 振るときは、できるだけ腰がまくらから浮かないようにする。

その❷ 首の体操

- ☑ 後頭骨・骨盤左右のズレを調整し、
  左右の筋バランスを調える
- ☑ 椎間板を広げ、神経の流れをよくする
- ☑ 首に湾曲(アーチ)をつける
- ☑ 血行がよくなり新陳代謝が促進される
  (眼精疲労の解消、顔の肌質アップ、ネックラインが美しく)
- ☑ 小顔効果、リフトアップ効果、視力回復、顎関節症軽減

1 仰向けに寝て、背中が全部床につくようにし、
脚を伸ばし、首の後ろにまくらを差し込む

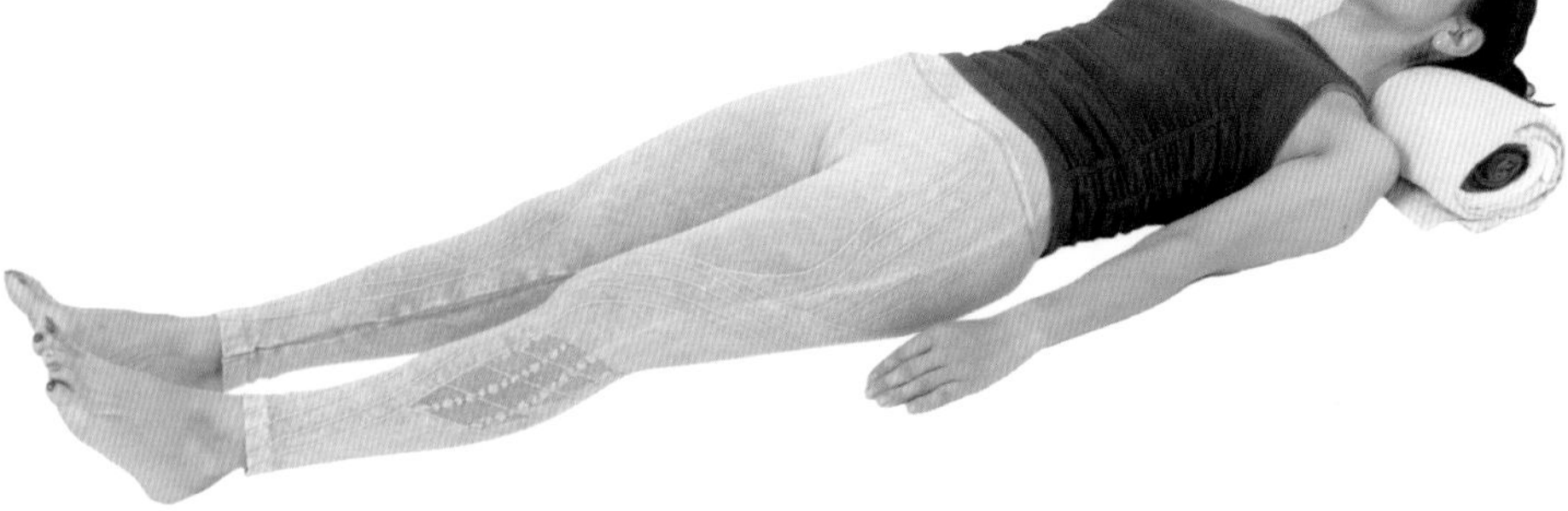

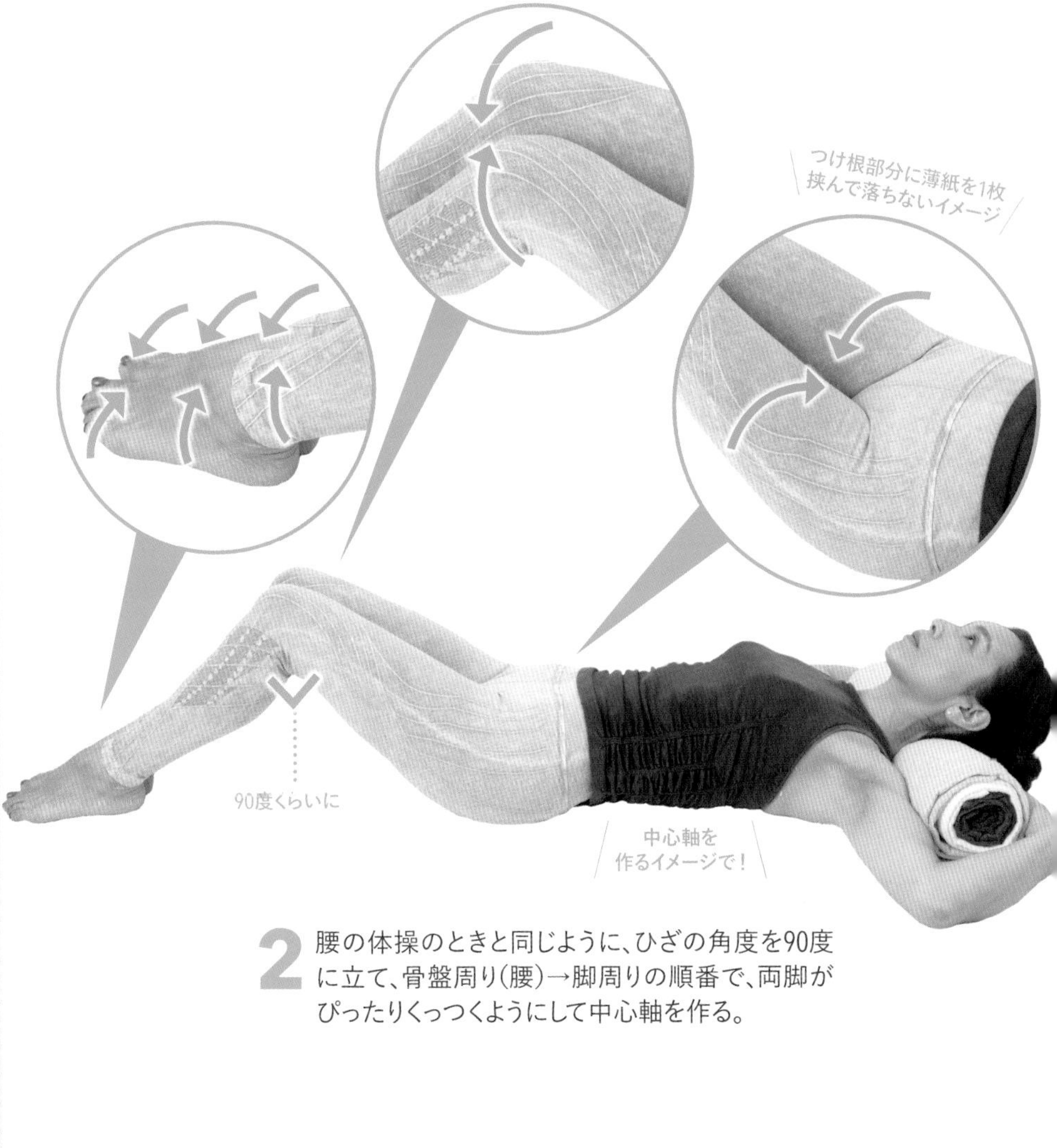
つけ根部分に薄紙を1枚
挟んで落ちないイメージ
90度くらいに
中心軸を
作るイメージで！

2 腰の体操のときと同じように、ひざの角度を90度に立て、骨盤周り（腰）→脚周りの順番で、両脚がぴったりくっつくようにして中心軸を作る。

3 胸を開くようにして、手はまくらに添える。

POINT
余裕がある人は、手の位置を中心部(頭の方)へすすめるとさらに前胸部が開く。

腕全体が床についているのがベター

肩に痛みがある人は

無理をしなくてもいいが、肩はしっかり床につける

4 骨盤から背骨をす～っと上に伸ばしていくイメージをしながら、あごを天井に向ける。
目を閉じて、耳たぶから耳たぶへコロンコロンと転がすように左右に頭を振る。

※終わったら、横を向いて転がりながらまくらを抜き、必ず仰向けになってからゆっくり起き上がること。

NG! あごが下がると、たるみや首のシワを作ることになるので注意！

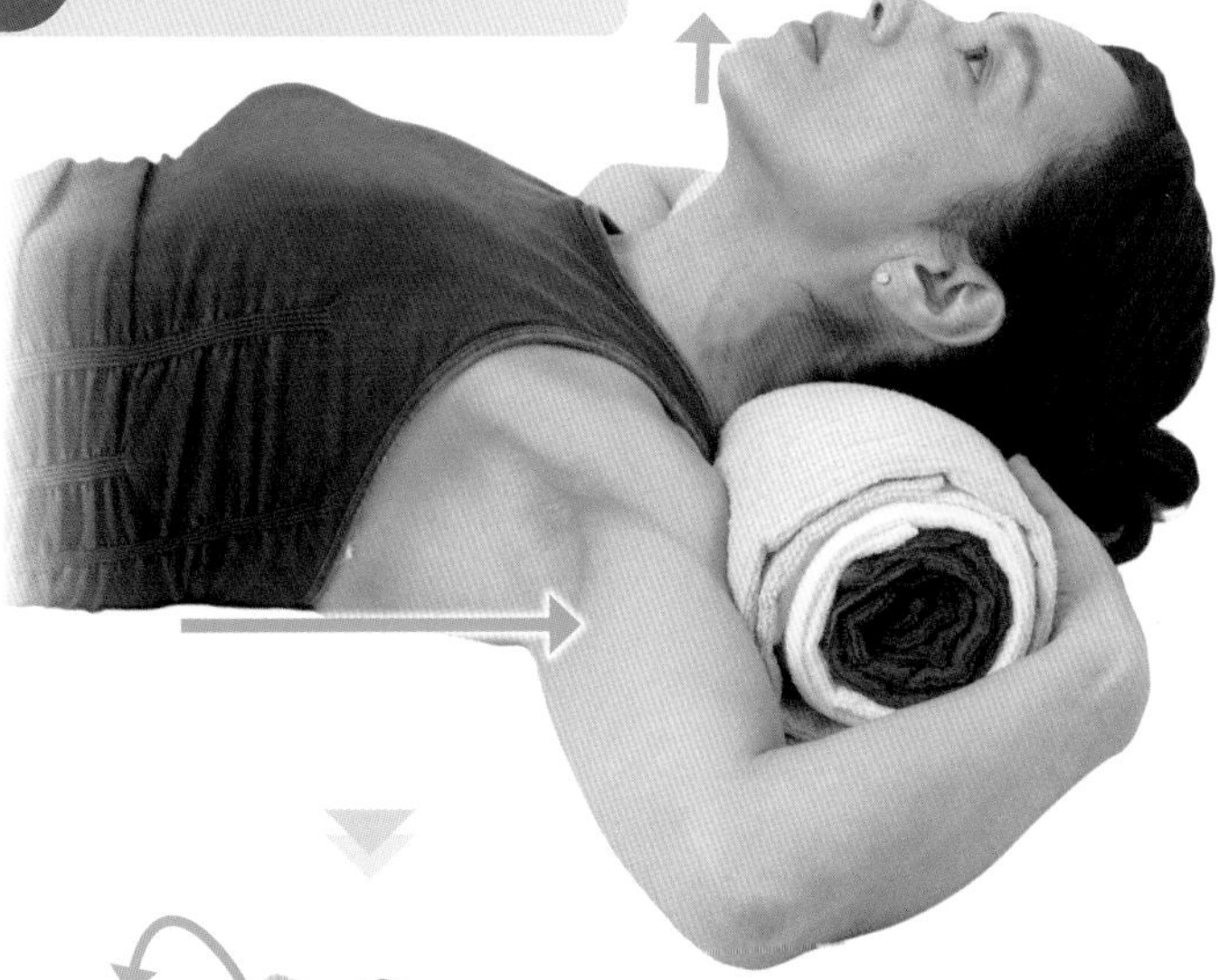

はぐくむ

「まくら体操」STEP2 応用編

「まくら体操」で、カラダに基本のフォルムが定着してきたら、
日常のカラダの動きを意識して、ムダなく整体してみましょう。

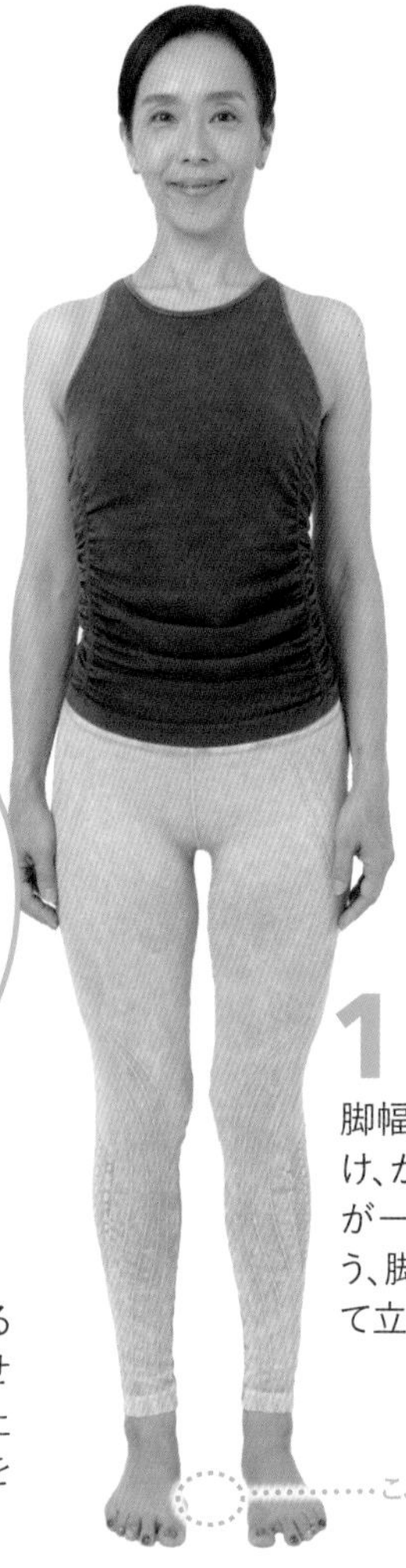

1

脚幅をこぶし1個分開け、かかとと人差し指が一直線上になるよう、脚を真っ直ぐにして立つ。

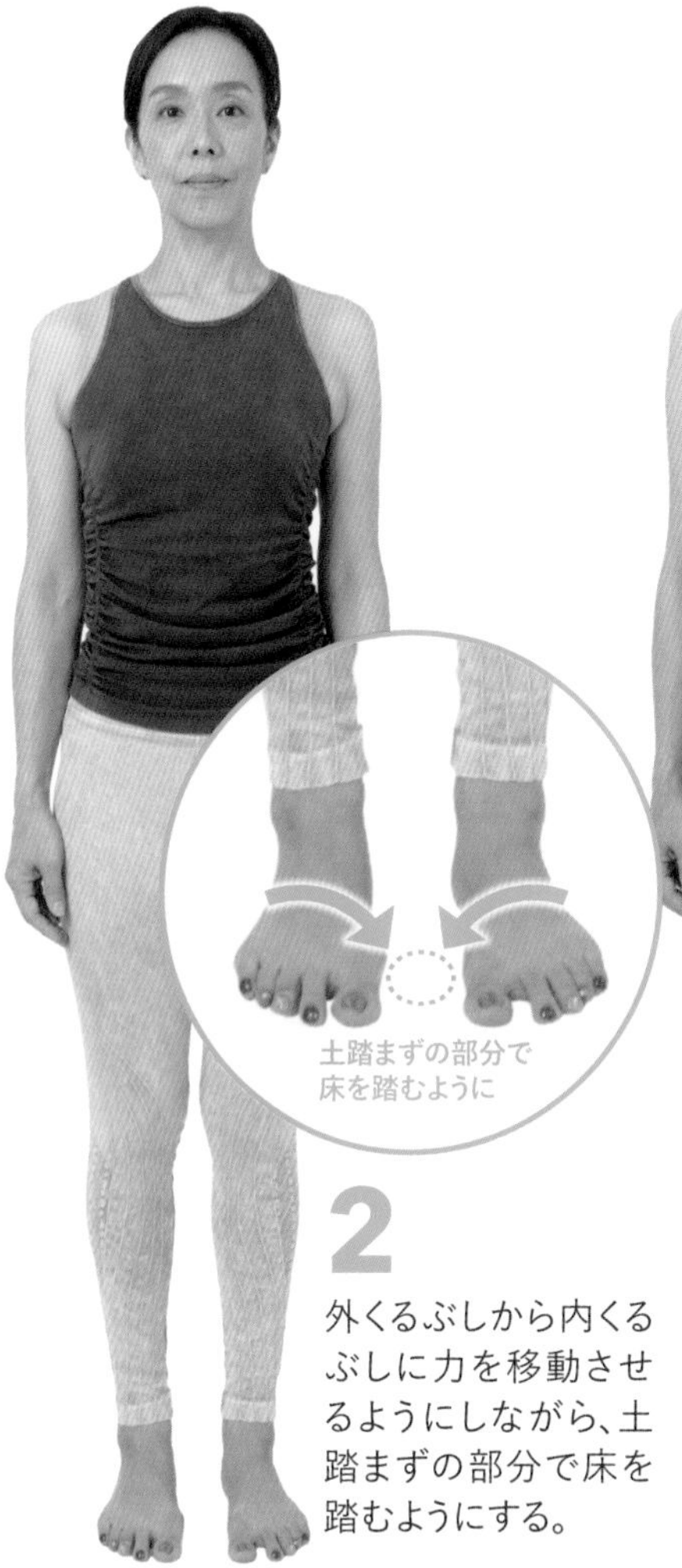

2

外くるぶしから内くるぶしに力を移動させるようにしながら、土踏まずの部分で床を踏むようにする。

立つだけでキレイを作る「美骨格」スタンディング法

「まくら体操」のときに意識する筋肉部分を、
立つときにも意識して使ってみましょう。
日常の隙間時間でも、やせ見え筋を鍛えられます。

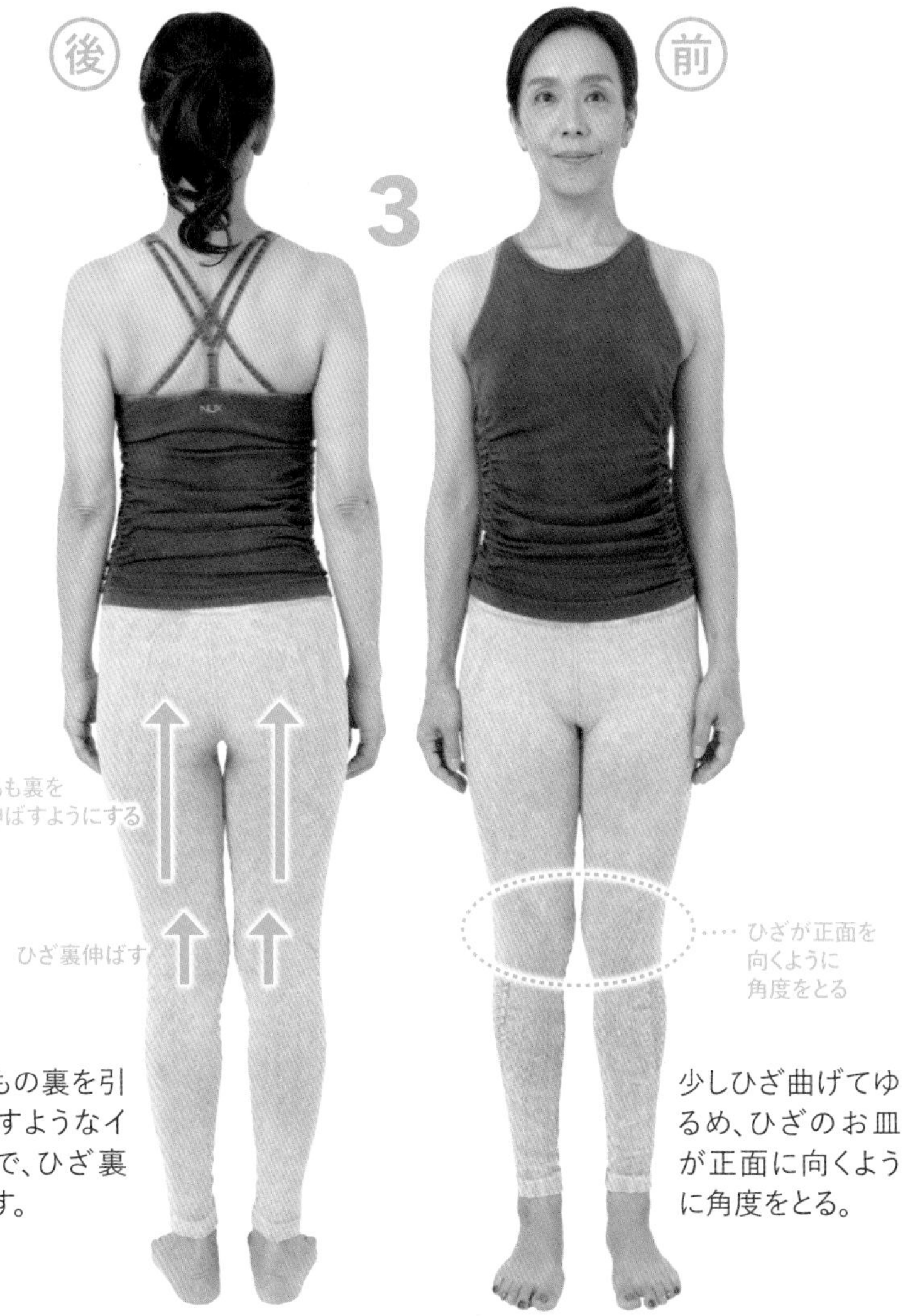
後
前
3
腰でもも裏を引き伸ばすようにする
ひざ裏伸ばす
ひざが正面を向くように角度をとる

腰でももの裏を引き伸ばすようなイメージで、ひざ裏も伸ばす。

少しひざ曲げてゆるめ、ひざのお皿が正面に向くように角度をとる。

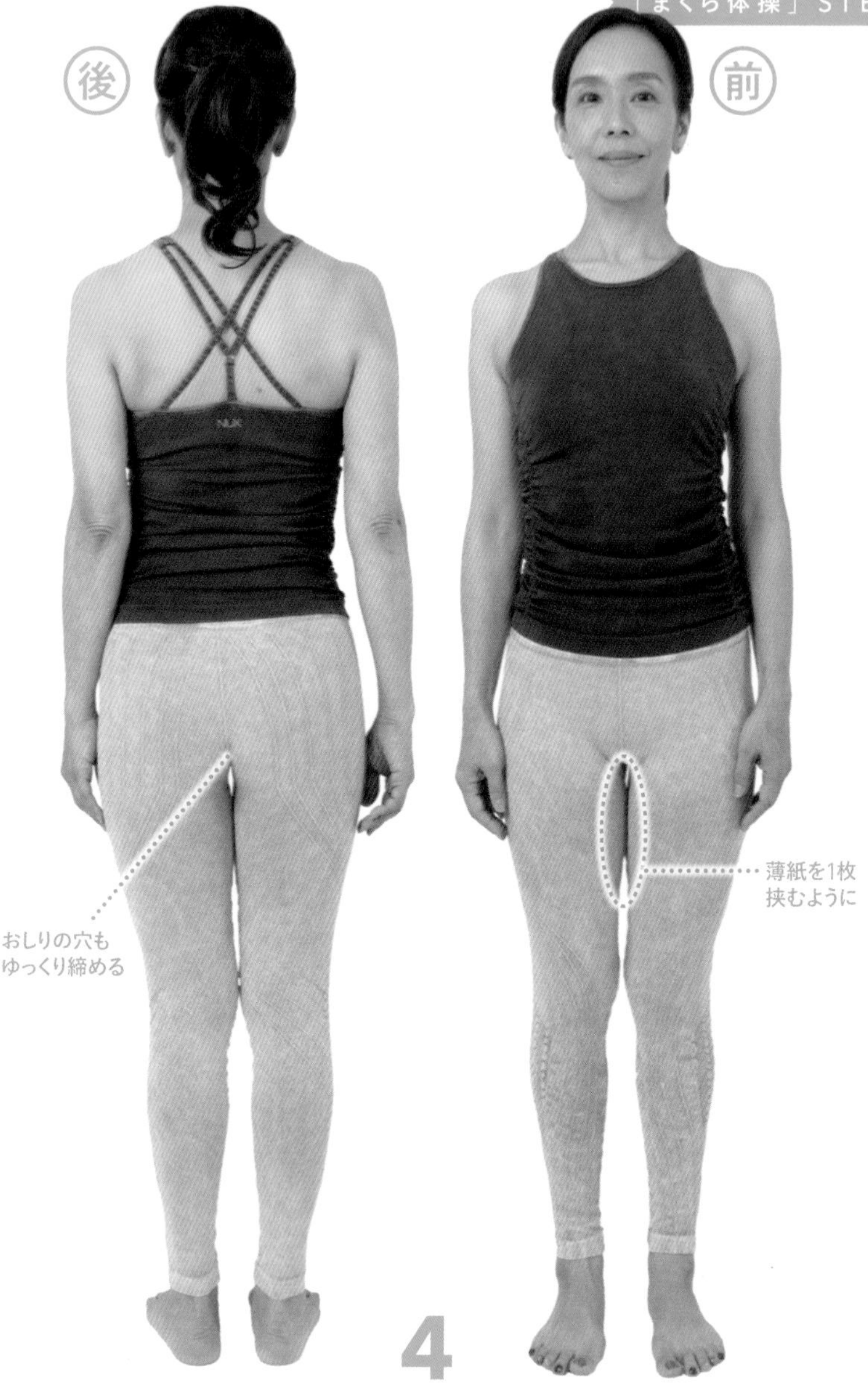

4

股のつけ根に薄紙を挟むようにして締め、
おしりの穴もゆっくりと締める。

NG! キュッと勢いよく締めるとおしりの周りの違う筋肉に力が入り、おしりの穴が締まらないので注意！

POINT
前に重心がいってしまった場合は、骨盤をかかとの上に乗せるように後ろに体重を移動させる。
腕の力を抜き、だらんとさせ、息を吐きながら、後頭部まで上半身を引き上げていく。
息を吸いながら引き上げると、肩に力が入るので、必ず吐くこと。

POINT
1～**3**で脚のカタチを整え、**4**と**5**で骨盤を形成して土台を作り、上半身の骨を積み上げていくイメージです。

NG! 同じ人でも、姿勢で見違えます

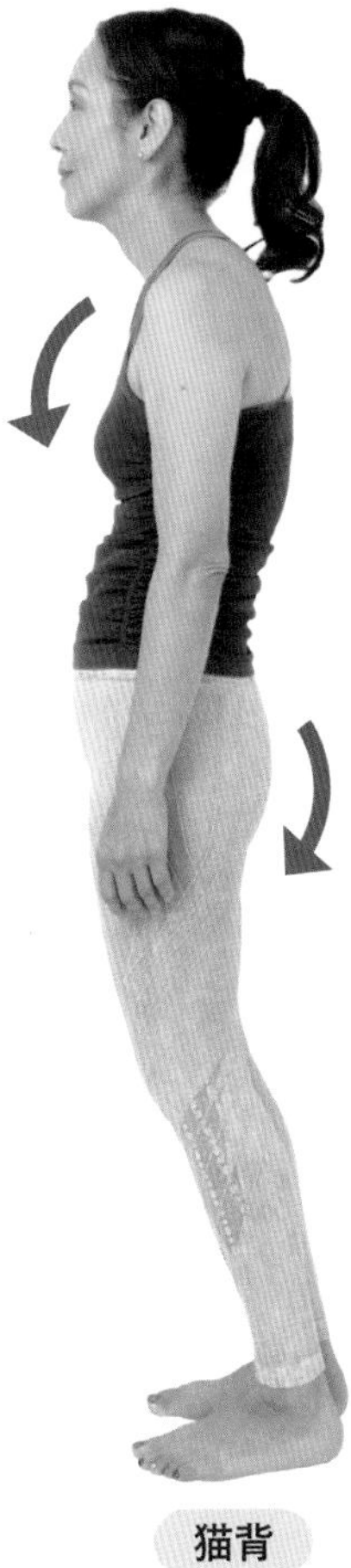
猫背

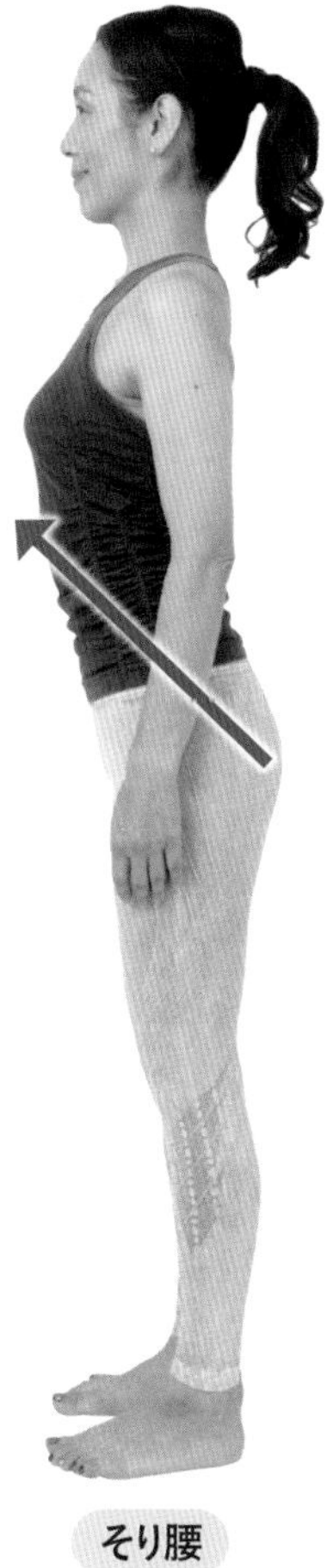
そり腰

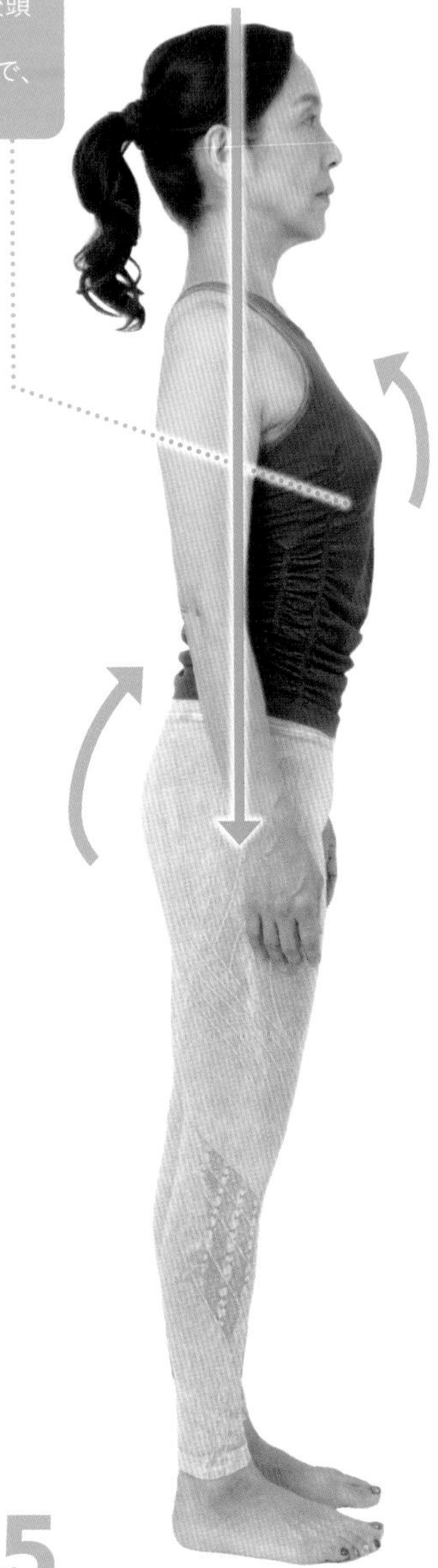

5
膣を真下に向けるような角度をとる。

はぐくむ

「まくら体操」STEP2 応用編

1 P78の「まくら体操」のポジショニングをする

2 **呼吸〈吸う〉**
おしりの穴から息を吸うように、尾骨→仙骨の順に呼吸をめぐらせていく。
ヤコビー線(P12)まで来たら、おへそを通ってカラダの前面に呼吸を通していく。
おなか→みぞおち→鎖骨→顔→頭頂部と流れるように吸い上げていく。

3 **呼吸〈吐く〉**
頭頂部から後頭部→背骨、頚椎から腰椎まで呼吸を通していく。
ヤコビー線まで来たら、おへそを通って前に呼吸を通し、
最後は恥骨に向けて息を吐ききる。

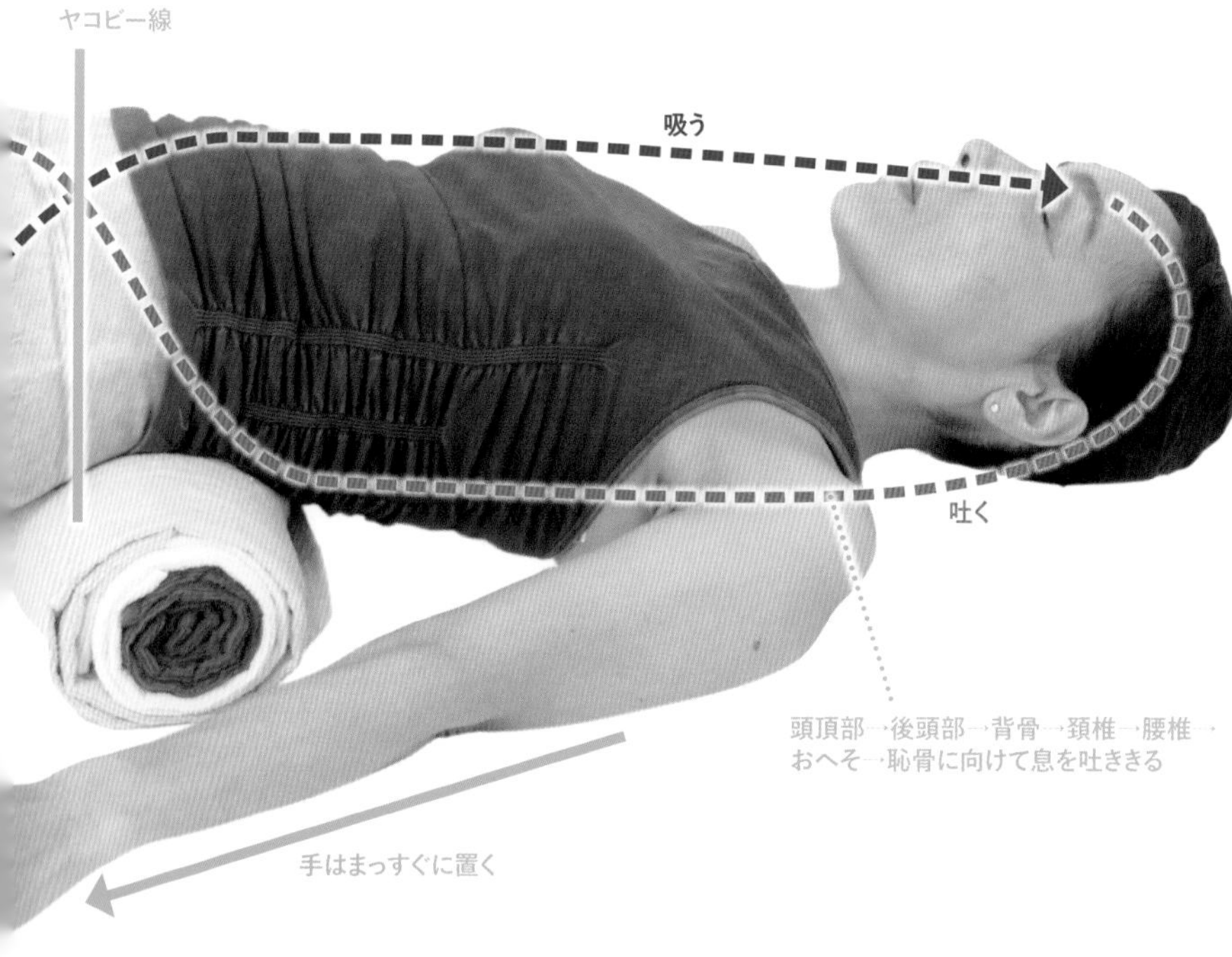
ヤコビー線
吸う
吐く
頭頂部→後頭部→背骨→頚椎→腰椎→
おへそ→恥骨に向けて息を吐ききる
手はまっすぐに置く

こわばったカラダをゆるめて めぐりをよくする「理想の体型《メリハリ♥ボディ》」呼吸法

無意識でも意識してでも、上手に呼吸ができれば立体的な理想の体型《メリハリ♥ボディ》を定着することができます。

深くゆったりした呼吸は、「まくら体操」で鍛えられる「骨盤底筋群・腹直筋・大腰筋」などの筋肉を総動員しなければできません。

深くゆったりとした呼吸ができれば、やせ見え筋トレにもなっているということ！

「まくら体操」の後に取り入れて、さらに立体的なメリハリボディを定着させましょう。

＊3回〜5回くらい繰り返す。
＊夜寝る前にやると眠りの質が上がる。
朝起きたときにカラダのこわばりを感じたときにもやるといい。

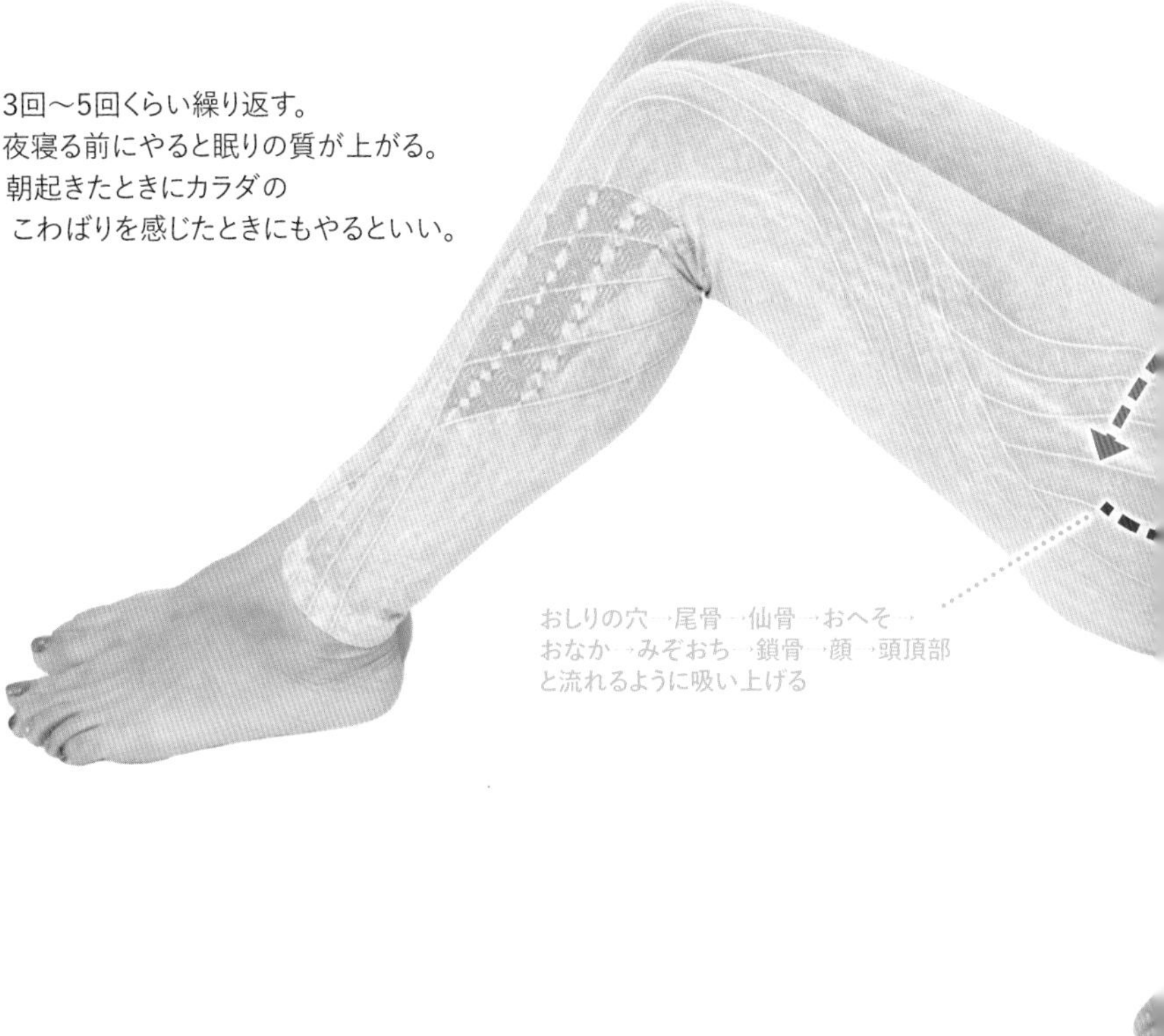
おしりの穴→尾骨→仙骨→おへそ→
おなか→みぞおち→鎖骨→顔→頭頂部
と流れるように吸い上げる

めぐる

「まくら体操」STEP3　セルフメンテナンス

加齢や季節の変化、日常のストレスのかかり具合などで、日々カラダは変化しています。

その外的要因の変化に合わせて、自分で自分のカラダ作りをセルフプランニングできるようになれば、どんな環境になっても、歳を重ねても、体型をコントロールできるようになります。

まくら

セルフメンテナンスをプランニングしてみよう

基本の「まくら体操」STEP1、STEP2の実践ができてきたら、今度はご自分のライフスタイルとカラダの様子に合わせた、メンテナンスプログラムを作れるように、次のことを繰り返してみましょう。

❶自分の日常の活動やセルフメンテナンスをレコーディング

▼

❷翌朝目が覚めたときの体調を観察

自分で自分の
メンテナンスプランニング

その日の予定で、日中フォローできそうなセルフメンテナンス（STEP2／P86～P89）を考え実践

※自宅にいるなど、まくらが使える環境であれば、STEP1やSTEP2のP90～P91でも、もちろんOK！

▼

❸夜、日中の活動、負荷のかかり具合を振り返り、「まくら体操」を、「どのタイミング」「どれくらいの時間」やるかを決める

▼

❹❶に戻る

P95の表を参考に書き出してみてください。

コツは、カラダに向き合えず、「まくら体操」が思うようにできなかった日も、そのままレコーディングすること。

思うようにできなかった日でも、翌朝の体調がよければよし！　としましょう。

あまりにサボると効果がでませんが、だからといって、「毎日やらなくちゃ!!」とストレスを感じるよりは、「翌朝よければ、いいじゃない！」とゆる〜く考え続けましょう。

一所懸命実践しているのに、もう一つスッキリしない、カラダが硬い、左右差があるなどすれば、翌日以降リセットできるように、③を見直してみてください。

毎日のルーティーンに組み込まれ、「まくら体操」が自分のカラダとのコミュニケーションをとる時間になるといいですね。

コツは「そのままレコーディング」
すること！
チュン
チュン
体調良好!!
カキ
カキ

セルフメンテナンスレコード記入例

◯/◯(◯曜日)

まくら体操
夜:37分　腰30分 首7分

水
1リットル

排　便
朝(普通)

季節の養生
就寝時に湯たんぽ1つ使用

睡　眠
0時就寝、5時起床、1度トイレで目が覚める

生　理
5日目(30日周期)量は少ないが終わる気配なし

お風呂
湯船25分

1日の体調
目覚めたとき頭重い、のどがカラカラ
昼過ぎから良

翌朝の振り返りcheck
● 水の量少なかった　● 全身重たい感じ　● おなかの張り
食欲が止まらず、食べるとやる気が出なくなる。
仕事でミスをした部下にきつくあたり自己嫌悪、帰宅後も切り替えできず子どもにイライラをぶつけてしまう。

翌日のセルフメンテナンスのアクションプラン
仕事が休みなので、もう少し丁寧に自分のカラダと向き合う時間を作る。
「まくら体操」の時間を増やしてみる。水も増やす。寝るときに冷えを感じたので、今夜は湯たんぽを2つにしてみる。

好転反応アレコレ

「まくら体操」を実践していくと、初期の頃に変化していく過程で好転反応が出ることがあります。

参考のために、どんな症状が出るかをご紹介しておきます。

●筋肉痛　●発熱　●ひざや肩の痛み　●頭痛　●オリモノが増える

●生理の量、周期の変化　●尿の臭いがキツくなる（薬品臭）

●下痢　●吹き出物　●汗が臭い　●ガスが出る

●鼻水、せき、痰が絡む　●昔ケガをした箇所の違和感や痛み

じっとカラダを休めていれば経過し、カラダが勝手に再建してくれますが、現代人はがまんして待つのが苦手ですので、カラダの自然治癒を妨げるような動きを、ついしてしまいます。

これらの症状は、すべて骨盤可動が起きて、排泄反応が進み、カラダが変化している過程なので、「まくら体操」セラピーを続けていただいて問題はありません。

ただ、排泄反応が出るのは喜ばしいことですが、うれしいことでもありませんので、初期の対処法としては、以下を試してみてください。

◎水の摂取量を増やす、水の質（ご紹介した摂り方）を変える（P98参照）
◎プチファスティングをして治癒にエネルギーを回す（P１０３参照）
◎冷えの対処法の実践（P１３０参照）
◎ひざ上ぐらいまでの長さのガードルや着圧スパッツを使用し下半身を固定する

尚、症状が緩和されないときはムリをせず、必要に応じて医療機関を受診してください。

「まくら体操」の相棒は水

「まくら体操」は地味ですが、効き目はバツグン！　それゆえ、意外と筋トレのようなキツさを覚える方もいるかもしれません。

また、筋肉量が増えるので代謝が上がり、自然とやせていくというよい部分がある一方で、こわばった筋肉や硬くなった組織を伸ばす動きになるので、筋肉痛や痛みが伴う場合があります。

特に長い間、やせ見え筋を使っていなかった方や、年齢がアラフォー以上の方は、歳とともに脱水症状が起きカラダのこわばりが強くなっているため、このような症状が出やすいようです。

そこで、「まくら体操」の成果を上げつつ、できるだけ痛みやストレスを回避する方法として、水の摂取をおすすめしています。

ストレスや加齢により脱水症状を起こした私たちのカラダは、いわば、干ばつ地帯の土地のようなもの。そこに「まくら体操」という鍬《くわ》で、せっせと耕しにかかっても、刃が土（カラダ）に食い込みもしないかもしれません。が、水を加えることで、少しでも耕しやすくなっていきます。

まずは、1日2リットルを目安に摂取してください。

水分ではなく、「水」というのがポイント。どんな種類のお水でもよく、温度も指定していません。難しく考えるより、とにかく水をとる習慣を最初はつけてほしいからです。

水以外の水分を飲んだ場合は、体内で水以外の成分と分解するのにまた水を必要としますので、少し多めに水をとるようにしてください。

水分補給が減量に欠かせないことは、科学的エビデンスでも明らかになっています。

2010年、ヴァンダービルト大学（テネシー州）の研究では、水には交感神経の働きを高める作用があり、それがカラダの基礎代謝量を上げるということが明らかになりました。

ドイツの研究者による類似の研究からは、1日に約1・5リットルの水を飲むと新陳代謝率が30％高まるとわかっています。

ただ、水をとるようになると、ミルク飲み人形のように頻尿になって困るという方がいらっしゃいます。

鍬の刃が折れそうになる硬い土地に、いきなり大量の水をまいても、吸収せず表面にとどまって水溜りになったり、脇道に流れ出てしまうでしょう。

私たちのカラダも同じで、やわらかくしようと水をやっても、最初はなかなか吸収せず、頻尿問題が生じる場合がありますが、意識して摂取していると、徐々にカラダへの吸収率がよくなってきます。

また、水だけの摂取でももちろん効果は期待できますが、もともと水分摂取をしてこなかった人や、カラダの状況があまりよくない方、加齢やストレスが多い生活を送っているなど脱水症状がすすんでいる方は、次のように少し手を加えたお水をとってみてください。

〈自家製ナチュラルスポーツドリンク〉レシピ

●水240〜360㎖
●天然塩　ひとつまみ
●レモンやライム果汁　ひと絞り（15〜30㎖）
●ハチミツかメイプルシロップ　小さじ1杯

さらに、「まくら体操」を長時間するようなときや、自分の水分補給率が落ちていると感じているとき、水がなかなか飲めない状況下のときは、水分補給によって組織と細胞が守られる、次のアスリートのような水分摂取方法をおすすめします。

〈パワーアップレスキューウォーター〉レシピ

●水480㎖
●粉末チアシード　小さじ1〜2杯
●海塩または岩塩　ひとつまみ
●しょうが搾り汁（味の調整のため好みで量は調節）

ちなみに水はエネルギーになるだけではなく、細胞を保水する吸収性も与えてくれます。スポーツをする前の水分補給は、筋肉と脳への衝撃を和らげる予防策として、何よりも先に行うべきことだといっている学者もいます。

油、特にオメガ3の脂肪酸と組み合わせれば、前もって体内防衛チームを送り込みケガや脳しんとうなど脳に対するダメージを撃退する準備になります。

実際に米国陸軍の主導で行われた実験では、あらかじめオメガ3脂肪酸を補給しておくと、外傷を受けても脳が守られ回復が早いという結果も出ているそうです。

効果を上げるために必要な「ゼロの日」

内臓と背骨は密接に関連しています。背骨の動きが悪くなり周辺の筋肉も硬直した状態になると、それに関わる内臓の働きが悪くなります。

背骨から仙骨にかけての骨一つひとつの中を通る神経が、内臓に脳からの指令を伝達しているからです。

また、おなかには内臓が詰まっているにもかかわらず、それをガードする骨がありません。ですから、内臓をあるべき場所に収め、うまく機能させるために腹直筋と大腰筋、そして下からそれを支える骨盤底筋群が必要です。

「まくら体操」で骨の可動性が戻り、内臓器を定位置に保つ3つの筋肉がついてくると、内臓機能も整うのですが、内臓から整えていく逆からのアプローチも加えると、よりしなやかに動く代謝のよいカラダが早く手に入ります。

代謝力の高いカラダを作る内臓からのアプローチで一番有効なのは、「固形物摂取ゼロの日」を作ることです。

カラダは、消化に優先的にエネルギーを回すので、消化しなければいけない仕事があるときは、代謝にエネルギーが使えません。

そのため、体調をよくしたりカラダの感受性を高めたりするために、一時的に食べ過ぎや食材に気をつけて生活することは必要です。

とはいえ、すべての食事を理想的と思われるものに変えるのは至難の業。

私自身、母のがん治療のときにはトライしましたが、ストレスがたまってしまい続きませんでした。


そこで、面倒なことが嫌い、人生も存分に楽しみたい、と考える欲張りな私のような方々にぜひ試していただきたいのが、ときどき「ゼロの日」を作るやり方です。

友人とのランチや飲み会のときは思う存分食べ、お酒もたくさんいただき、ときにはたっぷりのデザートも解禁です。

そのかわり食べ過ぎた翌日は、しっかりファスティングする「ゼロの日」を作ってほしいのです。

食のバランスを1週間単位で考えて、細かくリセットしながら調子を保っていくようにすれば、代謝の高いカラダができるはずです。

私はこの「ゼロの日」は、固形物をとらず、パワーアップレスキューウォーター（P101）と、酵素たっぷりのウィートグラスのグリーンジュース、ココナッツオイル入り鰹だし汁で過ごします。

消化にエネルギーを使わないので、集中力が増し、原稿を書いたり企画を作るときなどはもってこいです。

骨盤の1日の動きを意識した「ナチュラルボディサイクル」

骨盤の動きと脳・消化器の働きの関係を意識した、ナチュラルボディサイクルをセルフメンテナンスプランニングに取り入れると、効率よくカラダの働きを活性させることが可能です。

簡単にいうと、骨盤可動のサイクルと、睡眠をとる時間帯や食事をとる時間帯、勉強する時間帯などライフスタイルのサイクルを合わせるプランニング方法です。

Ｐ１０７の図を参照ください。

カラダのサイクルと食事のしかた

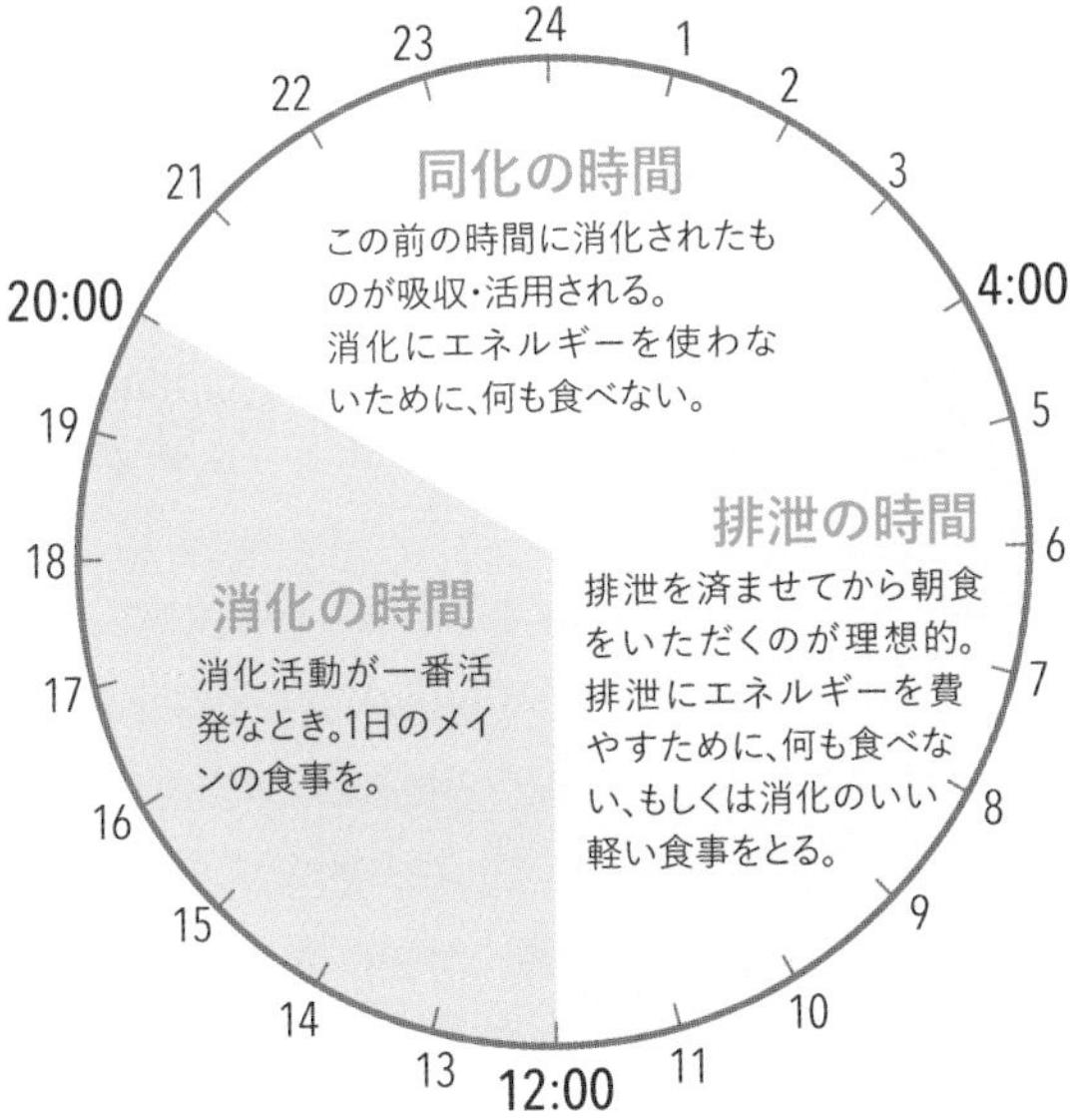
24
1
2
3
4:00
5
6
7
8
9
10
11
12:00
13
14
15
16
17
18
19
20:00
21
22
23
同化の時間
この前の時間に消化されたものが吸収・活用される。
消化にエネルギーを使わないために、何も食べない。
排泄の時間
排泄を済ませてから朝食をいただくのが理想的。
排泄にエネルギーを費やすために、何も食べない、もしくは消化のいい軽い食事をとる。
消化の時間
消化活動が一番活発なとき。1日のメインの食事を。

骨盤の開閉と脳、内臓の関係

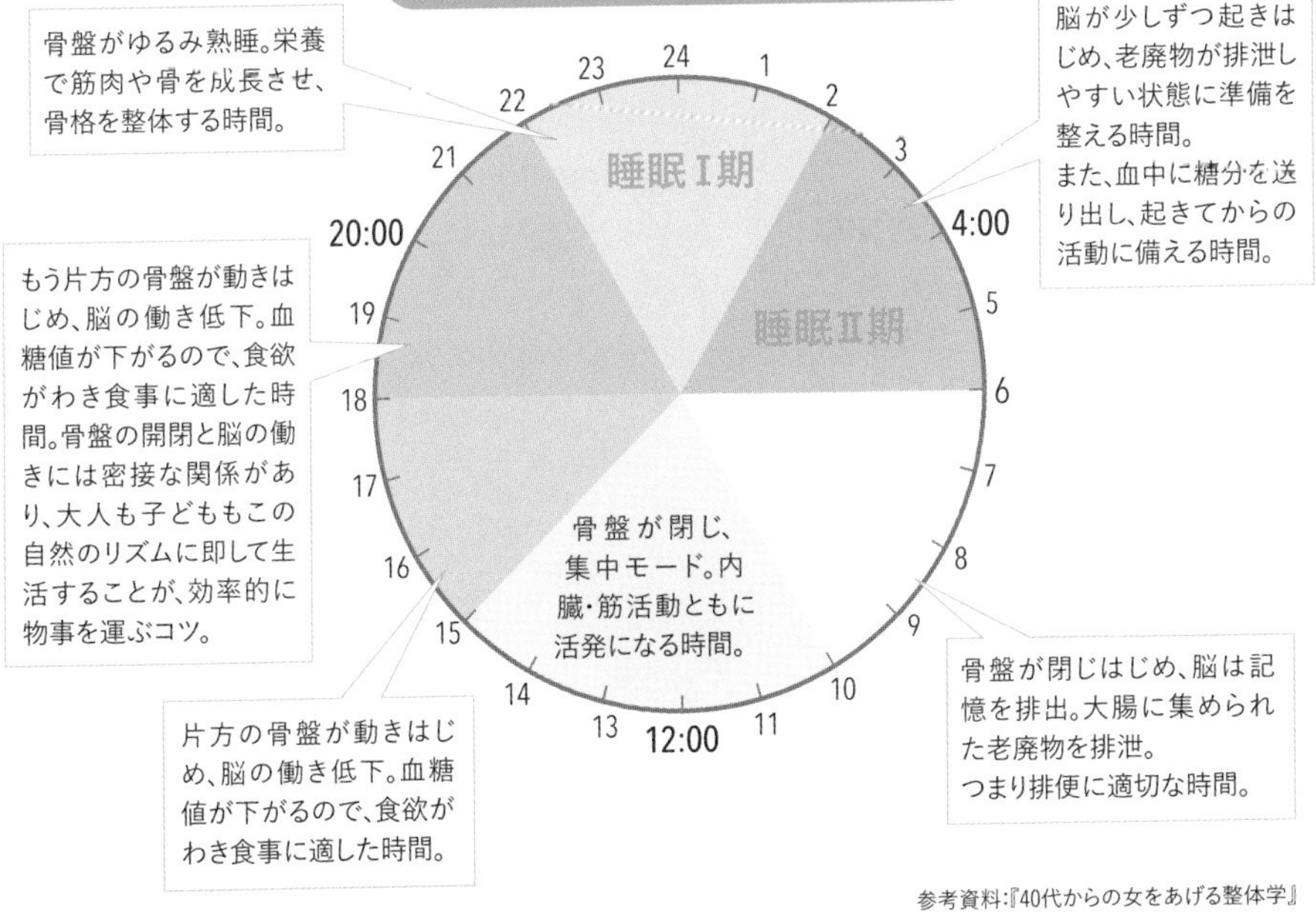
骨盤がゆるみ熟睡。栄養で筋肉や骨を成長させ、骨格を整体する時間。
脳が少しずつ起きはじめ、老廃物が排泄しやすい状態に準備を整える時間。
また、血中に糖分を送り出し、起きてからの活動に備える時間。
睡眠Ⅰ期
睡眠Ⅱ期
もう片方の骨盤が動きはじめ、脳の働き低下。血糖値が下がるので、食欲がわき食事に適した時間。骨盤の開閉と脳の働きには密接な関係があり、大人も子どももこの自然のリズムに即して生活することが、効率的に物事を運ぶコツ。
骨盤が閉じ、集中モード。内臓・筋活動ともに活発になる時間。
骨盤が閉じはじめ、脳は記憶を排出。大腸に集められた老廃物を排泄。
つまり排便に適切な時間。
片方の骨盤が動きはじめ、脳の働き低下。血糖値が下がるので、食欲がわき食事に適した時間。
24
1
2
3
4:00
5
6
7
8
9
10
11
12:00
13
14
15
16
17
18
19
20:00
21
22
23

参考資料:『40代からの女をあげる整体学』

＼まくら／

読者限定！ 特別付録♥

本書をご購入くださったみなさんに、特別付録として、
「腰の体操」&「首の体操」の動画をプレゼントします！
以下のQRコードよりアクセスしてください。
本を読み、動画を見ることで、より理解が深まります！
ぜひ、ご活用ください♥

＊尚、この付録は予告なく終了する場合があります。悪しからず、ご了承くださいませ。

Chapter 4

がまんしない！　がんばらない！
リバウンドしないための「ダイエット3箇条」

1箇条 あなたがやっているソレ、変化をジャマしているかも！ を知る

――よかれと思って、やっていませんか？

「やせたいなぁ」「キレイになりたいなぁ」と思って、「何かいいことないかなぁ」とつねにアンテナをめぐらせ、トライする。けれどやせられなかった、キレイにならなかった……なかなか思うようにはなりませんよね。

でもそれ、少しの工夫や取り組む順序を変えるだけで、結果が違ってくることがたくさんあるのです。

まくら

呼吸法を日常に取り入れている

以前、有名人の方が呼吸法で激やせしたという記事を読んだのがきっかけで、呼吸法を

実践しているという方が、当研究所にいらっしゃいました。

「呼吸法をやれば、あの有名人の方のように、やせる！」と思ってはじめ、確かに体重は減ったけれどやせた気がしない――つまりは見た目が思い通りにならない、ということでした。

ところが、カラダのメカニズムを知り、より呼吸法が効率的に行えるカラダを「まくら体操」で作ってから実践したところ、おもしろいようにカラダの調子がよくなり、体重は変わらないにもかかわらず、今度は周りの方から「やせた！」と、いわれはじめたそうです。

呼吸法でやせる、カラダの代謝がよくなる方は、カラダにラクに呼吸ができる筋肉がきちんとついています。

ラクに呼吸が行われているときは、骨盤底筋群、腹腔を収縮させる腹直筋や大腰筋、外肋間筋などを総動員して、吸う・吐くを繰り返しています。

このときは大きく深い呼吸がおなかの中まで入っていきます。

ところが、この筋肉群が衰えて動きが悪くなっているときは、強制的に肩の上下運動をしながら胸式呼吸を繰り返すので、浅く短い呼吸になります。

「大きく深い呼吸をしてください」と、ヨガや呼吸法を利用する運動系のワークアウトではよくいわれますが、深く大きい呼吸をしようと思えば思うほど肩に力が入り、変な骨格のフォルムを作っていたかもしれませんね。

ぜひ深く大きな呼吸を全身で取り込めるカラダを作ってから、呼吸法を実践してみてください。

まくら

やせて見せるため、キツめのガードルやブラジャーで締めつけている

ちょっとお肉が垂れて流れてくると、ついついキツめの下着で、少しでも引き上げたい、集めたいという気持ちになりますよね。

でも、実はコレ、カラダの気持ちになってみると大迷惑な話なんです。

なぜなら、カラダにとっては、骨盤も肋骨も肩甲骨も、開いたり閉じたりする動きが自由にできるのが理想だからです。

立体的な骨格の上に、この動きを支えるしなやかな筋肉がついてくるから、形のよい

ヒップとバストが生まれます。また、腋窩《えきか》や鼠蹊部《そけいぶ》を圧迫すると、リンパ液の流れを妨げるので、代謝力、免疫力が落ちてしまいます。

開いたり閉じたり、自由に動けない締めつけられた状態では、女性らしい丸みをおびたヒップやカタチのいいバストは作れません。

外側からガードルやブラジャーで、流れたお肉を寄せ集めて下着の中に詰め込んでも、少し時間が経つと、またすぐ型崩れが起きる悲しい経験は、どなたにもあるのではないでしょうか。

それよりも、私たちのカラダの土台である骨格を整え、それを支える弾力ある動きができる筋肉を作ることこそ、女性らしい美しいフォルムができあがる一番の近道なのです。

まくら

こりや痛みを感じるから自分でモミモミする

肩こりや首こり、腰が痛いなどの症状が出てきたため、自分でその箇所をもんだり、あるいはマッサージに行ってほぐしてもらったりした経験は、誰にでもあると思います。

カラダは外からの圧力に対して、反発する習性があります。外からもまれると、中から反発し、その圧力に対して同程度の圧力を外に向かって発するようになるメカニズムです。

たとえば、マッサージチェアの強度。最初は弱だったのが、だんだん効かなく感じるようになってきて強くする。また、何かの施術を受けた後、翌日もみ返しで余計に肩がこるなどは、その一例です。

お風呂の中で、脚を指で押す・もむなどもあまりおすすめできません。もまれている箇所は自分で圧力を加えるので、ほどほどに力加減もよく、後でもみ返しが来ることはないかもしれません。

ところが、そこを押している指、腕、肩などには、またこりやとどこおりが生じます。

こりや痛みを感じたら、その箇所だけをモミモミせずに、「まくら体操」で、全身を使ってカラダを整えれば、改善していきます。

まくら

やせたいから食べない、炭水化物、脂質をとらない

体重を減らしたいだけであれば、食べなければ減ります。ですが、体重を減らすだけで満足しない人は、ぜひ食べないことで体重をコントロールすることから、ご自分を解放し

てあげてください。

「まくら体操」で目指すのは、体重ではなくやせて見える体型です。もっといえば、スタイルアップして見える体型（理想の体型《メリハリ♥ボディ》）です。

何度もお話ししていますが、理想の体型《メリハリ♥ボディ》を作るには、立体的なフォルム（骨格バランス）と、それを支えるために必要な脂肪燃焼力の高いやせ見え筋が必要です。

カラダを作る最小組織は細胞です。細胞に弾力と活力がないと、いい筋肉はできません。良質の細胞を作るには、良質の材料が必要です。細胞膜を作るには中鎖脂肪酸（脂質）、糖質、タンパク質が必要です。細胞内を活性させるためには、ビタミンB群、カリウム、マグネシウムなどのミネラルが必要です。

また、それを届ける良質の血液も重要です。血液の質を向上させるためには、酵素・クロロフィル・マグネシウム・カリウムが必要です。

つまり、体重ではなく体型にこだわるなら、食べずに体重を落とすことは意味がありません！

過剰に摂取し過ぎたものを断つための、プチファスティングは必要ですが、炭水化物や脂質などの細胞の構成成分である食物を断ち続けることはおすすめできません。

それよりも、栄養素をカラダ中に届け細胞を活性させる、カラダに備わった代謝システムを活性させることが大切です。

＼まくら／

冷えやむくみが気になるから水を飲まない

女性のお悩みのトップにランクインする、冷えやむくみ。

どちらも体内の水循環がとどこおっていることが原因の一つですが、冷えやむくみを気にするあまり、水分を控える人も多いようです。

水循環が悪いので、汗をかかず、飲んでもすぐに頻尿になってしまったり、体内に水が滞留してくれません。

冷えの強い方は血液循環が悪く、むくみやすい人は腎臓の働きが低下しています。

どちらにせよ、血液やリンパ液中の水の量が減ってくるアラフォー以上の世代になってくると、1日1・5リットルから2リットルの水の摂取がすすめられています。

頻尿は悪者扱いされますが、実は膀胱と腎臓のために私たちができる最良のこと。

排尿のたびに、カラダの濾過《ろか》システムを通ってきた、細菌の生き残りや不要な副産化合物を一掃できるシステムです。そして、キレイに濾過されて使える水分はまた血中に戻されます。

この腎臓のすばらしいシステムも、体内に水がたっぷりないと働きが悪くなります。

なので、冷えるからむくむからと水を飲まないのはナンセンスということです。

水はたっぷり飲もう！

2箇条

女性に備わるカラダの動きを利用する

女性の健康と関係が深い生理の周期。生理は「破壊と創造」のリセット期。うまく利用して、リセットチャンスにしちゃいましょう。

まくら

骨の土台「骨盤」が動くリセットチャンスが女性にだけ3度ある

女性の場合、出産時に赤ちゃんが通りやすいよう、骨盤は男性とカタチが違い、ゆるむようにできています。また、ゆるむということは、動きやすいということでもあり、外からや内からのカラダへの刺激に対して変化しやすく、体調が悪くなる原因にもつながっています。

ただし、**変化しやすいということは、修正もしやすい**ということです。

骨が動くリセットチャンスは次の３つ。骨盤の動きを理解し、そのタイミングを利用して整体していきましょう。

1 産後

一番大きく骨盤がゆるむタイミングです。毎月の生理がうまく過ごせていると、骨盤の開閉がスムーズで、ラクに出産ができることも多いようです。

産後は出産で開いた骨盤を締めていく大切な時期。内転筋が弱るので、重いものを持ったり、刺激が加わったりすると、骨盤が開いたままになり産後太りしやすくなります。

逆に、ここでうまく骨格から変えられると、ダイエット、脚やせ、スタイルアップ、肌質改善などができます。

2 生理

出産時ほど大きくはないものの、生理のときにも、骨盤幅が指２本分ほど開き、終わるとまた元のサイズに戻っていく変化を繰り返しています。
月1回のリセットチャンス到来ととらえて、骨格改造をしてもらえればと思います。

3 1日の動き

骨盤は夜と朝で、0・5～1・5センチほどの小さな動き（開閉）を繰り返しています。夜になり、骨盤がゆるみ開きはじめると眠気が訪れます。朝に骨盤が締まると覚醒して排泄モードになります。
「まくら体操」を夜寝る前に実施すると、この自然のリズムを取り戻すのにも役立ちます。睡眠の質もよくなり、便通改善も叶うのはこのためです。

＼まくら／

女性ホルモンの変化に着目！ 生理周期を活用する

前述した通り、生理は骨盤の開閉が起こり、カラダをリセットするチャンスでもあります。生理周期を活用して、ムリせずやせるカラダとココロの整え方をお伝えします。

1 生理中

生理が出産の練習といわれるのは、どちらも骨盤の動きが密接に関わっているからです。よく動いて伸縮性がある骨盤ほど赤ちゃんは通りやすいので、お産も比較的短時間で順調であるといわれます。

この「骨盤を開けたり閉めたりする」動きができるようになって、生理痛が劇的に改善された方も多く見られます。

「まくら体操」でアプローチするのはまさにそこ。

骨盤は背中にある肩甲骨、頭にある後頭骨と連動して開くので、骨盤そのものだけでなく、関連部位も整えていくことが大切です。

生理を「めんどくさいものだなぁ」ではなく、月1度いらないものを排出できる「気持ちがいい大切なリセットチャンス」だととらえることが大事。

少しずつ痛みのない生理を作っていくイメージです。

生理痛がない人は、ムリをしない程度に、普段通りの生活をしてまったく構いません。

もちろん「まくら体操」も実践していただいて問題ありません。

2 生理後〜排卵日まで

生理周期の中で一番体調がよく美しく輝けるときです。生理の終了とともに骨盤が閉まり徐々にヒップがキュッと上がってくるので、女性的な魅力もグッとアップする時期。おしゃれを楽しむなどにもうってつけです。

「まくら体操」も、内転筋をより締める意識をするなど、運動量を増やしていただいても問題がない時期です。

はじめて体操時間を長くすることにトライするのも、この時期がよいでしょう。

3 排卵後〜生理前

排卵後から生理前は、心身ともに不調があらわれやすい時期です。

やる気が出なかったり、気持ちが沈んでしまったりと、ダイエットや体調を整えることに意欲的になれないこともあります。

しかし、「まくら体操」を習慣化させることで、ホルモンバランスや自律神経が整うので、生理周期を正常に保つためにも、この時期にもゆったりとした気持ちで体操を楽しむことが効果的です。

まくら

ゆらぎの時期「閉経期（更年期）」をうまく活用するには

今まで述べてきたように、骨盤は一定のリズムで開閉をしています。自ら開閉することで、骨盤を調整したり、不要な老廃物を排泄しやすくしたりして、カラダを健康な状態に整えています。

ところが、更年期に入ると、骨盤の弾力が衰え、締まりが悪くなってきます。いずれリセットチャンスも男性と同じく、１日の動きだけになっていきます。

そういうと、少しネガティブな感情も出てくるのですが、閉経前後の時期をうまく使って、骨盤に弾力がある状態を作れるようにメンテナンスをしておくと、その後のカラダの状態もいいまま、歳を美しく重ねていけます。

更年期は、生殖をするためのカラダから、自分自身を生きるためのカラダへと移行していく時期。閉経を迎えると、骨盤の開閉の動きは小さくなり、その分、ムダなエネルギーを使わずに済み、骨盤も安定しやすくなります。

ココロもカラダも安定しますので、閉経までによい骨盤の状態を作っておきたいものです。

3箇条

「まくら体操」の効果を上げるお助けライフスタイル

生きていると、日々、いろんな変化と転機が訪れます。
その変化に対応してこそ、「いつもキレイ」、「いつも元気そう」、「いつも素敵」を自分で作ることができます。そのためには、日常を少しカラダに寄り添ったライフスタイルにしてあげ、それを続けることが大切です。

まくら

「おいしく楽しく、続けられる」ための、食べても飲んでもいい〈メリハリダイエット〉

私がダイエットの考え方の参考にしているのはフランス人マダムたち。

理由は二つ。

一つは、20代の頃にプチ留学をしたときに、出会ったマダムたちがあまりにもステキだったこと。

もう一つはフランス人女性は、太ったといってもアメリカ人女性のように太り過ぎることが少なく、その点では日本人女性と似ているからです。

数年前、フランスとアメリカの女性を対象に、「チョコレートケーキと聞いて最初に思い浮かべるのは何ですか？」と質問した調査がありました。

フランス女性の答えは「うれしいときに食べるもの」で、アメリカ女性の答えは「おいしいけれど食べてはいけないもの」。

見方の違いが明らかですね。

人生を楽しむための健康作りを提唱している私としては、この見解の違いが非常におもしろく興味深かったことを覚えています。

ダイエットしてやせるのも、キレイにお化粧するのも、健やかでみずみずしい肌を作るのも、「まくら体操」をがんばるのも、すべて人生を楽しむためです。

だからこそ、食事法は厳しい処罰のようになってはいけません。

そのためには、目標体重は達成可能な数字にまずはすべきですし、きちんと食べることです。

食べることは悪ではなく、真の敵は間食や偏食といった、節度のない食生活なのだということを理解しましょう。

先にも少し触れましたが、私が実践しおすすめしている、がまんしないメリハリ食事法を紹介しましょう。

好きな食べ物もお預けにせず、自由に食事をするのが週に2回。

2回のどちらかで、メインの食事をお肉からお魚にすれば、デザートは好きなものを食べても構いません。お酒もワイン1日2杯までオッケーです。

週3回はヘルシーダイエット食の日。

朝はいつも通りの、酵素たっぷりのウィートグラスのグリーンジュースと季節のフルーツ、生姜汁とココナッツオイル入り具なしお味噌汁。

昼はオールタンパク質。

夜は野菜のスープまたは、緑黄色野菜400~500グラムをたっぷりのフラックスシードオイルとオリーブオイルで和えたもの。

市販のドレッシングなどは、添加物・保存料が入っているのでこの日はＮＧです。

デザートはなし。あるいはどうしても食べたいときはフルーツを少し。

ん？　１週間は7日、後の２日は？　そう、この２日のゆとりが大事なんです。

この2日は調整日として、自分の状態に応じて変えていきます。

ヘルシーダイエット食の日にするもよし、パーティーなどで何も考えず思いっきり食べる日にするもよし、やり過ぎたと感じるときには、「ゼロの日」（Ｐ１０３）にする。

もちろん旅行のときなどは、朝からしっかりたっぷり食べてもＯＫ！

つまり、１週間単位で整えます。

そして、自分がコントロールできる自宅での食事は、できるだけ質のよい食材を使います。すべて質のよいものを揃えるのが難しければ、調味料だけは質のよいものを絶対揃えるようにしています。

まくら

それでも甘いものがほしくなったら

私のチョコレート好きは友人や生徒さんの間では有名です。お土産にチョコレートをいただくことも多く、自分でもよく購入してしまいます。

「食べないほうがいいよね」と思うときほど、食べたくなってしまう甘いものやスナック菓子。

そんな衝動に駆られたときは、いったん冷静になることが大切です。

食べたいという衝動は、12秒間がまんすれば収まるといわれています。

この12秒間で食べる以外のこと（お水を1杯飲んでみる、先にちょっと家事を済ませるなど）をして、本当に食べたいのかどうか、判断しましょう。

それでも「食べたい！」となったときには、私は楽しく食べます。何も悪いことをしているわけではないのですから（とはいっても、できるだけ、ダークチョコレートを選び、紅茶と一緒にゆっくり味わうようにはしていますが）。

チョコレートのようなものが食べたくなるのは、空腹とは関係がなく、欲求は別のものでは埋められません。つまり、「目が欲しがっている」わけです。

人生は短いです。必要以上に楽しみをがまんすることはありません。

まくら

眠る環境設定

眠りの時間を充実させると代謝力が上がり、ダイエットにも効果的です。

しかし、眠っている間は、自分で環境をコントロールすることができない時間でもあります。起きているときは暑いと思えばクーラーをかけたり、寒いと思ったら服を着込んだりと調節できますが、夜寝ている間はそれができません。

ですから年中通してエアコンを使用し、就寝時の温度湿度管理をしっかりすることが、とても重要です。

エアコンがカラダに悪い、といわれていたのはもはや都市伝説。

就寝時の温度湿度管理をしっかりすることが、「今の時代」の自然なカタチなのです。

ザーッ
ぎゅっ
600w
2分
きゅっ
後頭部
上を見る
Ⓐのタオルの
たたみぐあい
目
Ⓑのタオルの
たたみぐあい

いつものセルフケアである「まくら体操」だけでは、
ちょっとリカバーに時間がかかりそう……。
そんなときに、おすすめなのが熱の力を借りた整体的対処療法です。
血流をよくして不調解消のお手伝いをしてくれるスペシャルケアを3つご紹介します。

蒸しタオル法

ひどいカラダの不調を感じるとき、症状を和らげるために使用します。
熱い(緊張)→冷める(弛緩)を繰り返すことが刺激になります。

やり方

1. フェイスタオルを三つ折りにし、水で濡らし、水がしたたり落ちない程度にゆるくしぼる。
2. 電子レンジであたためる。(目安は600Wで2分ほど／素手で持てないくらいの熱さ)
3. ゴム手袋をし、軽くしぼって、がまんできるギリギリの熱さになったら患部にあてる。
4. タオルが冷めてきたら、また繰り返す。
朝昼晩それぞれ3回、8時間ずつ空けて行うと、さらに効果がアップします！

POINT

- ☑ **症状が複数に及ぶ場合や、どこにあてたらいいのかわからない場合は、後頭部に当てる。**
- ☑ **タオルを持つ手は、後頭部の延髄を挟む位置に。**
- ☑ **やけどには、くれぐれも注意！**

フェイスタオルのたたみ方

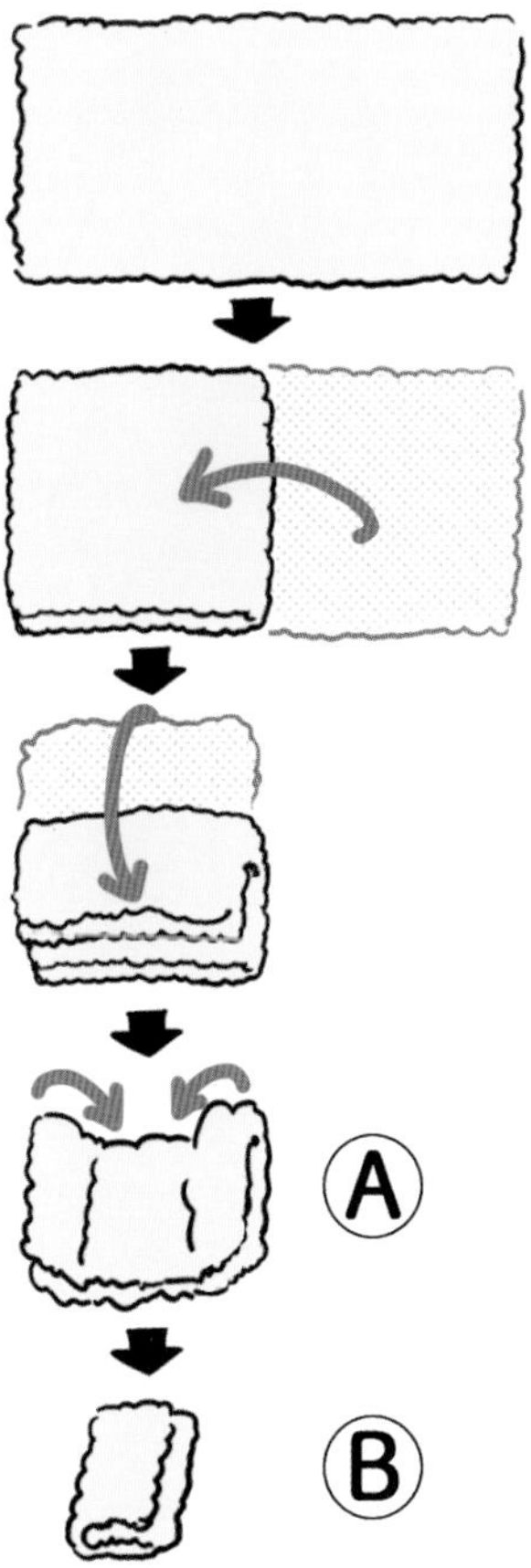

部分浴

カラダに刺激を与えることで、
ゆるんだり諸症状が
緩和されます。

① 足湯

部分浴の種類

1 足湯
（くるぶしから下まで浸かる）

2 ひじ湯
（ひじから手指まで）

3 腰湯
（おへそから下まで浸かる／下半身）

準備するもの

大きめの桶

差し湯をするための
湯沸かしポット

タオル

水分補給のための水

やり方

1&2はいすに座り、大きめの桶に必要な部位を浸ける。

3はお風呂で浸かる。

お湯の温度46～48℃（子どもは45～46℃）にし、お湯に浸かった部分全体が均一に赤くなるまでやる。

③ 腰湯

② ひじ湯

POINT

- 赤くならずに白い部分があれば、血行が悪く具合の悪い部分ということ。
- お湯が冷めないように、湯沸かしポットをそばに置いて途中で差し湯をすること。
- 大量に発汗したときは、水をたくさん飲み、カラダを冷やさないように早めに着替えること。

湯たんぽ温活

「冷え」の改善ができればかなりの血流改善、内臓機能・代謝アップが期待できるということで、おすすめしているのが〝湯たんぽ〟を使った就寝時のあたためです。

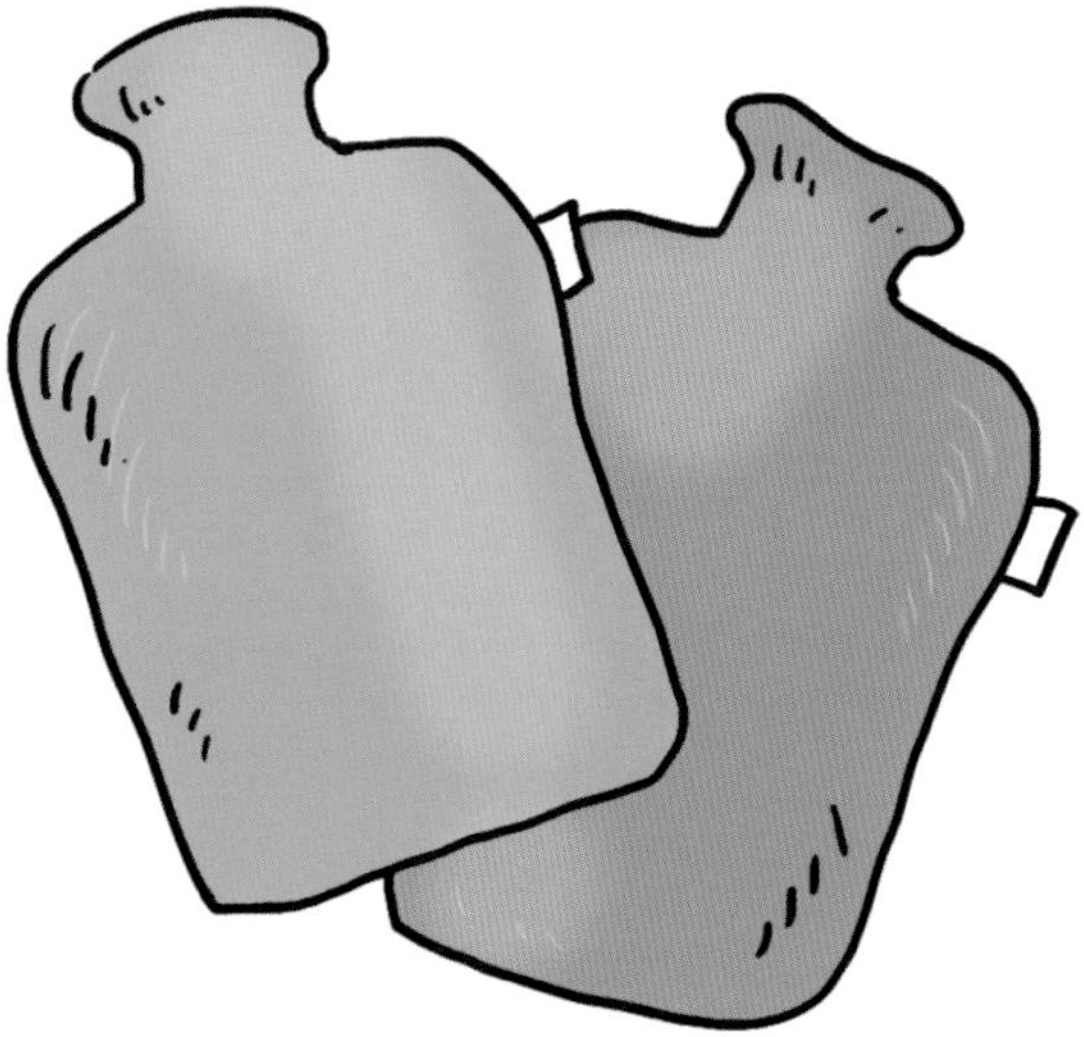

やり方

湯たんぽを足元と肩甲骨の間に位置するところの2か所に入れ、お布団をあたためます。

効果

あらかじめお布団をあたためておくことで、副交感神経を優位にでき、カラダがゆるんだ状態で眠ることができるため、睡眠の質が上がります。

POINT

- ☑ 就寝時に除湿・冷房を使う際、カラダが冷えるようなら夏でも湯温や湯量を工夫して、湯たんぽを使う。
- ☑ カイロや電気毛布の使用は、逆にカラダを硬く、乾燥させる。
- ☑ 湯たんぽは体温の上昇下降に、寄り添ってくれるものである。
- ☑ カラダのほとんどが水でできている人間にとって、「水」を使った湯たんぽは親和性も高い。

体験談

「まくら体操」で
こんなに変われた！

原田典子さん
美容師

産後1カ月で、〝元に戻る〟どころか、さらにやせました！

妊娠3カ月くらいの頃、過去最高の体重&残念むっちり体型となってしまいました。

・産前産後元気に働きたい！
・元気な子をするっと安産で産みたい！
・産後の体型をよくしたい！

この3つを叶えたいと思い、安定期に入った頃に「まくら体操」をはじめました。

結果として、この3つは、すべて叶いました。

妊娠中、好きなものを食べまくったにもかかわらず体重は5kg増にとどまり、背中が一回りスッキリし、主人からは「過去一番、後ろ姿がやせてる！」といわれました。

高齢出産やそのほかの問題もあり、大学病院のハイリスク向けの産科に通っていましたが、一般の産科となり、その上、出産の前日まで、元気にサロンのお手伝いをし、40週ぴったり予定日に出産！　普通分娩で産むことができました！

産後半年で、明らかにカラダがスッキリし、産む前には、キツくて入らなかったパンツまで、なんなくはけて、余裕があるほどに。

妊娠、出産、産後と、体調も良く、気持ちにも余裕ができ、立ち仕事も何なくこなせ、母子ともに検診でほめられるほど、毎日元気いっぱいに過ごせています。

R・Yさん
大学講師、ボイストレーナー

半年で10kg、1年で18kgもやせました！

小さい頃から疲れやすく、小学生ですでにガンコな肩こり、首こり、頭痛、耳鳴り、便秘持ちで低体温。中学生で腰痛を発症。長じては、気象病に加え、夏場は仕事にならないほどの夏バテ、冬は靴下・手袋・マフラーの重装備で寝る冷え性。

更年期は絶不調、閉経してようやく生理痛から解放されたのと引き換えに、痼疾の変形性股関節症による股関節痛や膝痛が悪化。

「このままでは、倒れてしまう！」と、「まくら体操」をはじめたところ、短時間でカラダがスッキリしたのに驚きました。

じんわりと汗をかき、久し振りのお通じもあり、寝付きも翌朝の目覚めもいい。

とにかく元気になりたい一心で続けていたら、3カ月目くらいで、「少しサイズダウンしたかな？」。それから毎日体重を測るようになり、あれよあれよという間にXXLがMサイズに。

肩こりも腰痛もウソのように消え、驚くことに、主治医から「足の長さが左右揃いましたね。もう装具もインソールも外していいですよ。定期受診もこれで終わりにしましょう」といわれたのです。

期待をはるかに上回る変化が本当にありがたく、「まくら体操」との出会いに、感謝で一杯です。

たけいきみえさん
まくら体操セラピスト

還暦にして、女性らしい「理想の体型《メリハリ♥ボディ》」を手に入れました♥

「ママのおしりが小さくなってる!!」

60歳で出会った「まくら体操」をはじめて1カ月が経った頃、娘にいわれた一言です。

骨太で安産体型の、どーんと四角く存在感のあった私のおしり。それが丸く小さくなるなんて、長年、私のおしりを見慣れてきた娘にとっては、かなりの衝撃だったようです。

おしりだけではありません。太もも、ふくらはぎも単に細くなるだけでなく、脚のラインまで真っ直ぐ綺麗に変化して、憧れのスキニーパンツもはきこなせるように！

人間は生きてる間、変化し続けるというけれど60歳にもなれば老化していくだけと、あきらめていました。が、「まくら体操」を日常化することで、毎日は一変。「見た目マイナス10歳」が、当たり前の健康美を、手に入れることができたのです。

ブランドのお高い洋服でなくても、おしゃれを楽しめる。孫と走りまわっても全然平気。周りから「いつも元気で楽しそう。若いわね」といわれたら素直に喜ぶ。そんな私になりました。

これからも、背中が曲がって、腰の落ちた、O脚のお年寄り体型ではなく、バランスのとれた整体された骨格、元気なカラダで、歳を重ねていきます。

おおばるみこさん
まくら体操セラピスト

「まくら体操」のおかげで、「スタイルをほめられる」ことが当たり前に！

20年前はじめての出産後。出産前より、体重が減ったのに、体型が明らかに崩れていきました。デニムは、おしりと太ももに合わせ27から29へ。それでも、ガバガバのウエストの上にはタプタプのお肉が乗り、お尻の横幅は張ってボタンを外さないと苦しく、血流が悪くなるのをつねに感じていました。その上、腰痛や、背中の張り、頭痛もしょっちゅうでした。

確かにやせてはいる。でも歩けば下着が食い込む。「おしりがカッコ悪い」と母からは指摘され、温泉に行ったときには、鏡に映ったおしりと太ももが一体化して、お肉でひだまでできている、自分の後ろ姿に愕然とし、「スタイルのよしあしと、体重は関係ない」と痛感しました。

それが、「まくら体操」を始めてからは、ぷりっとしたおしりとスッとした脚になり、その区別はきちんとつき、下着が食い込むこともなくなりました。いすに浅くしか座れなかったタイトスカートも、深く腰掛け、はきこなせるように。

さらには、スキニーパンツも苦しくなく楽々はいているのに、ピシッと決まり、あのとき「もうはけないから！」と捨てなくてよかったと、鏡を見ながら笑っています。

おわりに

「体操」とは読んで字の如く、「カラダを自分でアヤツル」こと。

私たちは「動物」、動くモノです。カラダの動きが悪い箇所が増えると、カラダそのものだけでなく、ココロも動きが悪くなって、どうにもこうにも都合が悪くなってしまいます。

だからこそ、自分のカラダの動きにもっともっと着目して、「まくら体操」で、自分のカラダをアヤツル感覚を取り戻してください。

そうすれば、きっとうれしい変化が次々あなたに訪れます。

不調が消える。見た目が若々しくなってくる。勝手にやせてくる。疲れにくくなる。ココロがラクになる。自分を認める力が強くなる ｅｔｃ……。

そんな状態がきっと当たり前になっていくはずです。

「まくら体操」が口コミから広がって、約20年。

3万人近くの女性たちと関わる中で、マクラーから教えられたことは、自分の体型・体質は自分で変えられる、もっといえば自分にしか変えられない、ということです。

そして、自分の見た目を変えることができた女性たちは、みんなカラダの中からエネルギーを放出するようにエネルギッシュに動きはじめます。

自信に満ちたその姿は、神々しいほどです。


私たちのカラダには、私たちそのものが映し出されます。


これまで、どんなふうに考え、どんなふうに生きてきたのか。

今、どんなふうに感じているのか、どう生きているのか。


整体を通して自分のカラダとココロに向き合いはじめてから、ボディラインとともに、私のマインドも、生き方も、ずいぶんと変化しました。本当の意味で、ラクに、自分らしくあることがどういうことなのかわかり、やりたいことができるようになりました。

何も続かなかった私が、続けることができたのです。変われたのです。

だから自信を持って、

「誰でも変われる！」

と言い切ることができます。


本書の出版にあたり、たくさんのマクラーが、「自分自身の変化がお役に立つなら！」と、これまでの黒歴史をすべてさらけ出すこともいとわず、応援してくれました。

私はいつも彼女たちの言葉と行動に感動をもらっています。

自分の仕事の原点を改めて思い出すだけでなく、これからやるべき道を指し示してくれるのです。感謝してもしたりません。

また、20年間、マクラーと大事に育んできた「まくら体操」を、わかりやすく編んでくださった、担当編集者の小川彩子さん他あさ出版の方々。こちらが思いもしない視点で視覚化してくださったイラストレーターのあかませいこさん。

ご多用の折、本書の監修を引き受けてくださった、〝ファンキーな整形外科医〟こと、医療法人社団高村整形外科の理事長である高村学先生。

この本を置いてくださった書店の方々など、たくさんの方たちのお力添えのおかげで、この本をみなさんに届けることができました。

そして、最後まで読んでくださったみなさん、本当にありがとうございます。「まくら体操」を実践していただき、少しでもあなたのカラダとココロのお役に立つことができたら、うれしい限りです。

最後になりましたが、私を整体の世界に導き、「人体と命」の普遍の真理を指導してくださる師匠・井本邦昭先生。

朝早くから遅くまで志事（整体の世界）に没頭することを許し、ときに私の人体実験に付き合ってくれる家族。

そして関わってくださったすべてのみなさまに感謝を申し上げます。

からだデザイン研究所代表
まくら体操セラピー創始者
いちい葉子

著者紹介

いちい葉子（いちい・ようこ）

からだデザイン研究所　代表／まくら体操セラピー　創始者
整体指導士／井本整体人体力学体操指導者
1968年神戸生まれ、東京都在住。

女性専用の整体治療院で施術をする傍ら、一生涯使えるセルフケア、0次予防の健康教育を行う、ホリスティックセルフケアスクール「からだデザイン研究所」を東京都渋谷区で運営。

自身の体型・体質変革の経験を生かし、整体の理論技術を元にして、シンプルで誰でもできる骨格改造の体操――「まくら体操セラピー」を完成。

その簡単さとうらはらに、体型をはじめとする驚くべき変化を見て、人が人を呼び、口コミのみで広まり続け、結果、20年間で3万人に「まくら体操セラピー」を指導することになる。さらには、コロナ禍でやむなく、レッスンを完全オンライン化したところ、日本国内にとどまらず、アジア、ヨーロッパ、北米など世界に広がることに。

現在の指導者数は年間約3000人にのぼる。

また、新規受付は紹介者のみの整体操法も、2カ月先でも予約を取るのが難しい状態が10年以上続いている。

★からだデザイン研究所（株式会社からだデザインlab.）HP
https://karadadesignlab.com

監修者紹介

高村学（たかむら・がく）

医療法人社団　高村整形外科　理事長／医師
日本整形外科学会専門医
川崎医科大学卒業後、兵庫県伊丹市にある自身のクリニックで、整形外科・リハビリテーション科の医師として、多くの患者さんを診察。
救急医療・救急業務功労者表彰（兵庫県）を受賞。
伊丹市医師会理事・伊丹市医師会准看護高等専修学校（現在閉校）の校長も歴任。

まくら体操《たいそう》ダイエット
骨格《こっかく》を整《とと》え、どっさり脂肪《しぼう》を脱《ぬ》ぎ捨《す》てよう！　〈検印省略〉

2023年　2 月 23 日　第　1　刷発行
2023年　10 月 29 日　第　3　刷発行

著　　者――いちい 葉子（いちい・ようこ）
監 修 者――高村 学（たかむら・がく）
発 行 者――田賀井 弘毅

発行所――株式会社あさ出版
〒171-0022 東京都豊島区南池袋 2-9-9 第一池袋ホワイトビル 6F
電　話　03 (3983) 3225（販売）
　　　　03 (3983) 3227（編集）
F A X　03 (3983) 3226
U R L　http://www.asa21.com/
E-mail　info@asa21.com
印刷・製本　（株）光邦

note　http://note.com/asapublishing/
facebook　http://www.facebook.com/asapublishing
twitter　http://twitter.com/asapublishing

ISBN978-4-86667-485-8 C2077